FRANZÖSISCH IM HANDUMDREHEN

Der Alltagswortschatz in Bildern und Sätzen.
Einfach Französisch mitreden.

von Tien Tammada

PONS Langenscheidt GmbH
Stuttgart

Vorwort

In fremde, ferne Länder zu reisen, ist eine wunderbare, herrliche Sache. Auf der Liste der schönsten Dinge für alle Menschen steht das Reisen wahrscheinlich an erster Stelle.

Doch vor jeder Reise in die Fremde steht die Hürde einer neuen Fremdsprache. Für viele Menschen scheint es unüberwindbar, sich auf das Erlernen einer neuen Fremdsprache einzulassen.
Dabei ist es gar nicht so schwer eine neue Sprache zu lernen und sich damit neue Möglichkeiten zu erschließen.

Ganz egal, ob es dein Ziel ist, Urlaub im zauberhaften Frankreich zu verbringen, ob du gerne mit einem Menschen aus Frankreich flirten möchtest oder im richtigen Moment bemerkst, dass ein anderer mit dir flirtet (wer weiß, vielleicht verpasst du in solch einem Augenblick gerade die Gelegenheit, deinen Traumprinzen oder deine Traumprinzessin fürs Leben zu finden), oder ob du einen kompletten Neuanfang in Frankreich planst, warte nicht, bis du den ersten Schritt auf diesem Weg machst.

Lass dich nicht davon abhalten, deinem Herzenswunsch zu folgen. Trau dich und triff die Entscheidung, dich der französischen Sprache zu stellen.

Jetzt und sofort!

Sobald du deine Herzensentscheidung getroffen hast Französisch zu lernen, steht dir dieses Buch für den ersten Schritt zur Seite. Du brauchst nach diesem Entschluss nicht sofort einen Sprachkurs zu belegen oder dich mit komplizierter Grammatik zu beschäftigen.

Alle, die schon einmal eine Sprache gelernt haben und sie gut beherrschen, wissen, dass es am wichtigsten, am allerschnellsten und am einfachsten ist, ins kalte Wasser zu springen. Wenn du erst einmal angefangen hast, läuft es wie von selbst.

Bereite dich nicht lange vor und springe, denn probieren geht über studieren.

Dieses Buch, mit seinen passenden Bildern, Illustrationen, Wortzusammenstellungen und wertvollen Sätzen hilft dir einen schnellen Einstieg zu finden. Schlage bei den ersten Sprachhürden auf deiner Reise das passende Kapitel auf und dort wirst du die wichtigsten Sätze und Begriffe finden.

Die einheitliche Farbgebung der Wörter und Lautschriftzeichen erleichtert die Zuordnung von Wort und Lautschrift und damit das Erlernen der Fremdsprache. Die Erklärung zu den verwendeten Farben findest du auf der Innenseite des hinteren Buchumschlags.

Wenn es mit der Aussprache noch nicht hundertprozentig klappt, kannst du mit dem Zeigefinger auf das Bild oder den danebenstehenden Satz tippen und dich sofort verständlich machen. So einfach und so schnell ist es, denn dieses Buch heißt:

Französisch im Handumdrehen.

Alltagssätze, Alltagsschätze 6
Am Flughafen 16
Die Unterkunft 22
(Im Schlafzimmer, Im Badezimmer,
Im Wohnzimmer, In der Küche)
Ausflüge (In der Stadt und außerhalb) 34
Ausflüge mit dem Zug 36
Ausflüge mit dem Bus und mit der Straßenbahn 42
Auf eigene Faust unterwegs mit dem Auto, 45
Motorrad, Fahrrad und zu Fuß
Sehenswürdigkeiten 48
Essen 51
Getränke 68
Im Restaurant 77
Einkaufsmöglichkeiten 92
Die Farben 100
Die Zahlen 102
Die Zeit und das Wetter 108
Der Körper und die Gesundheit 123
Tätigkeiten des Alltags 130
Notfälle 136
Was sagen uns die Schilder? 140
Gefühlsausbrüche 144
Slang 150
Komplimente 155
Romantisches 156
Land und Leute 158

Alltagssätze, Alltagsschätze

Les expressions courantes
[lez‿ɛkspʀɛsjõ kuʀɑ̃t]

Begrüßung

Se saluer [sə salɥe]

Bonjour !	Bonsoir !	Salut !
[bɔ̃ʒuʀ]	[bɔ̃swaʀ]	[saly]
Guten Morgen! / Guten Tag!	Guten Abend!	Hallo!

Comment ça va ?
[kɔmɑ̃ sa va]

Wie geht's?

Ça va bien, merci.
[sa va bjɛ̃ mɛʀsi]

Gut, danke.

Oui.	Non.
[wi]	[nɔ̃]
Ja.	Nein.

Merci.	Merci beaucoup.	De rien.	Avec plaisir.
[mɛʀsi]	[mɛʀsi boku]	[də ʀjɛ̃]	[avɛk pleziʀ]
Danke.	Danke sehr.	Nichts zu danken.	Mit Vergnügen.

Je m'appelle … [ʒə mapɛl]	Ich heiße...
Comment vous appelez-vous ? [kɔmɑ̃ vuz‿apəle vu]	Wie heißen Sie?
Comment tu t'appelles ? [kɔmɑ ty tapɛl]	Wie heißt du?
Enchanté !/ Enchantée ! [ɑ̃ʃɑ̃te]	Sehr erfreut.
Je viens d'Allemagne. [ʒə vjɛ̃ dalmaɲ]	Ich komme aus Deutschland.
Je ne parle pas français. [ʒə nə paʀl pa fʀɑ̃sɛ]	Ich spreche kein Französisch.
Je parle un peu français. [ʒə paʀl ɛ̃ pø fʀɑ̃sɛ]	Ich spreche ein bisschen Französisch.
Est-ce que vous pouvez parler moins vite, s'il vous plaît ? [ɛs‿kə vu puve paʀle mwɛ̃ vit sil vu plɛ]	Könnten Sie bitte etwas langsamer sprechen?
Comment ça s'appelle en français ? [kɔmɑ sa sapɛl ɑ̃ fʀɑ̃sɛ]	Wie heißt das auf Französisch?

Excusez-moi, comment puis-je me rendre au ... ?

[ɛkskyze mwa kɔmɑ pɥi ʒə mə ʀɑ̃dʀ o]

Entschuldigen Sie, wie komme ich zum . . . ?

Qu'est-ce que ça veut dire ? [kɛs‿kə sa vø diʀ]	Was bedeutet das?
Qu'est-ce que c'est ? [kɛs‿kə se]	Was ist das?
C'est quoi ? [se kwa]	Was ist das?
Pardon ! [paʀdɔ̃]	Verzeihung!
Je suis désolé(e). [ʒə sɥi dezɔle]	Es tut mir leid.
Aucun problème. [okɛ̃ pʀɔblɛm]	Kein Problem.
Pas de problème. [pad pʀɔblɛm]	Kein Problem.
Monsieur ... [məsjø]	Herr...
Madame ... [madam]	Frau...

Mademoiselle ... [madmwazɛl]	Fräulein...
Où est ... ? [u ɛ]	Wo ist...?
Je voudrais ... [ʒə vudʀɛ]	Ich hätte gern...
Ça coûte combien ? [sa kut kɔ̃bjɛ̃]	Wie viel kostet das?
bien [bjɛ̃]	gut
très bien [tʀɛ bjɛ̃]	sehr gut
mauvais [mɔvɛ]	schlecht
Ça me plaît. [sa mə plɛ]	Ich mag das.
Ça ne me plaît pas. [sa nə mə plɛ pa]	Ich mag das nicht.
Comme ci comme ça. [kɔm si kɔm sa]	So lala.

Magnifique ! [maɲifik]	Wunderbar!
Remarquable ! [ʀəmaʀkabl]	Hervorragend!
Merveilleux ! [mɛʀvɛjø]	Ausgezeichnet!
Parfait ! [paʀfɛ]	Perfekt!
beaucoup [boku]	viel
un peu [ɛ̃ pø]	ein bisschen
Un moment, s'il vous plaît. [ɛ̃ mɔmɑ̃ sil vu plɛ]	Einen Moment, bitte.
Un instant, s'il vous plaît. [ɛ̃‿nɛ̃stɑ̃ sil vu plɛ]	Einen Augenblick, bitte.
À bientôt ! [a bjɛ̃to]	Bis bald!
À tout à l'heure ! [a tut‿a lœʀ]	Bis später!

À demain ! [a dəmɛ̃]	Bis morgen!
Au revoir ! [o ʀəvwaʀ]	Auf Wiedersehen!
Qui ? [ki]	Wer?
Quoi ? [kwa]	Was?
Où ? [u]	Wo?
Où est ... ? [u ɛ]	Wo ist...?
Où sont ... ? [u sɔ̃]	Wo sind...?
Quand ? [kɑ̃]	Wann?
Pourquoi ? [puʀkwa]	Warum?
Comment ? [kɔmɑ̃]	Wie?
Combien ? [kɔ̃bjɛ̃]	Wie viel?

Au revoir !
[o ʀəvwaʀ]

Auf Wiedersehen!

À bientôt !
[a bjɛ̃to]

Bis bald!

Am Flughafen

A l'aéroport [a laeʀopɔʀ]

l'aéroport [laeʀopɔʀ]	der Flughafen
Où est le contrôle de sécurité ? [u ɛ lə kɔ̃tʀol de sekyʀite]	Wo ist die Sicherheitskontrolle?

L'AVION

[lavjɔ̃]

Excusez-moi, comment est-ce que je peux me rendre au centre-ville ?
[ɛkskyze mwa kɔmɑ̃ ɛs‿kə ʒə pø mə ʀɑ̃dʀ o sɑ̃tʀ vil]
Entschuldigung, wie komme ich zum Stadtzentrum?

Où est la gare ?
[u ɛ la gaʀ]
Wo ist der Bahnhof?

[sɔʀti] Ausgang

Excusez-moi,
où est la sortie ?

[ɛkskyze mwa u ɛ la sɔʀti]

Entschuldigung, wo ist der Ausgang?

Das Flugzeug

Où est l'arrêt de bus ?
[u ɛ laʀɛ də bys]
Wo ist die Bushaltestelle?

Où est-ce que je peux trouver un taxi ?
[u ɛs‿kə ʒə pø tʀuve ɛ̃ taksi]
Wo finde ich ein Taxi?

Où se trouve l'office du tourisme ?
[u sə tʀuv lɔfis dy tuʀism]
Wo ist die Touristeninformation?

Est-ce que le centre-ville est loin ?
[ɛs‿kə lə sɑ̃tʀəvil ɛ lwɛ̃]
Ist es weit bis zum Stadtzentrum?

Vous connaissez un hôtel bon marché ?
[vu kɔnɛsez ɛ̃ nɔtɛl bɔn maʀʃe]
Kennen Sie ein preiswertes Hotel?

Pouvez-vous me conduire à cette adresse ?
[puve vu mə kɔ̃dɥiʀ a sɛt‿adʀɛs]
Können Sie mich bitte zu dieser Adresse fahren?

le taxi
[lə taksi]

das Taxi

Combien coûte la course ?
[kɔ̃bjɛ̃ kut la kuʀs]
Was kostet die Fahrt?

Est-ce que je peux payer par carte de crédit ?
[ɛs‿kə ʒə pø peje paʀ kaʀt də kʀedi]
Kann ich mit Kreditkarte bezahlen?

Pouvez-vous me dire quand je dois descendre, s'il vous plaît ?
[puve vu mə diʀ kɑ̃ ʒdwa desɑ̃dʀ sil vu plɛ]
Würden Sie mir bitte sagen, wann ich aussteigen muss?

Merci beaucoup pour votre aide.
[mɛʀsi boku puʀ vɔtʀ‿ɛd]
Vielen Dank für Ihre Hilfe.

le bus
[lə bys]

der Bus

le train

[lə tʀɛ̃]

der Zug

le métro

[lə metʀo]

die U-Bahn

le tram

[lə tʀam]

die Straßenbahn

le TGV

[lə tegeve]

der Hochgeschwindigkeitszug

le bateau

[lə bato]

das Schiff

Die Unterkunft

L'hébergement [lebɛʀʒəmɑ̃]

Est-ce que vous avez une chambre disponible ? [ɛs‿kə vuz‿ave yn ʃɑ̃bʀ dispɔnibl]	Haben Sie ein Zimmer frei?
Est-ce que je peux voir la chambre ? [ɛs‿kə ʒə pø vwaʀ la ʃɑ̃bʀ]	Könnte ich mir das Zimmer ansehen?
Ça coûte combien ? [sa kut kɔ̃bjɛ̃]	Wie viel kostet das?
Est-ce que le petit déjeuner est inclus ? [ɛs‿kə lə pəti deʒœne ɛ ɛ̃kly]	Ist das Frühstück inbegriffen?
J'ai réservé une chambre au nom de ... [ʒe ʀezɛʀve yn ʃɑ̃bʀ o nɔ̃ də]	Ich habe ein Zimmer auf den Namen... gebucht.
Voici ma carte d'identité. [vwasi ma kaʀt didɑ̃tite]	Hier ist mein Personalausweis.

Vous avez le wifi dans votre hôtel ?
[vuz‿ave lə wifi dɑ̃ vɔtʀ‿ɔtɛl]

Gibt es WLAN in Ihrem Haus?

Est-ce qu'il y a un coffre-fort ?
[ɛs‿kil‿ja ɛ̃ kɔfʀəfɔʀ]

Gibt es einen Safe ?

Quand est-ce que je dois libérer ma chambre ?
[kɑ̃t‿ɛs‿kə ʒə dwa libeʀe ma ʃɑ̃bʀ]

Wann muss ich auschecken?

Est-ce que les réceptionnistes sont toujours disponibles ?
[ɛs‿kə le ʀesɛpsjɔnist sɔ̃ tuʒuʀ dispɔnibl]

Ist die Rezeption den ganzen Tag besetzt?

Est-ce qu'il y a un restaurant dans cet hôtel ?
[ɛs‿kil‿ja ɛ̃ ʀɛstɔʀɑ̃ dɑ̃ set‿ɔtɛl]

Haben Sie ein Restaurant im Haus?

Je voudrais une chambre pour ...

[ʒə vudʀɛ yn ʃɑ̃bʀ puʀ]

Ich hätte gern ein Zimmer für...

une personne.
[yn pɛʀsɔn]

eine Person.

deux personnes.
[dø pɛʀsɔn]

zwei Personen.

une famille.
[yn famij]

eine Familie.

le plafond
[lə plafɔ̃]
die Decke
l'étagère
[letaʒɛʀ]
das Bücherregal
la lampe
[la lɑ̃p]
die Lampe
la fenêtre
[la fənɛtʀ]
das Fenster
l'interrupteur
[lɛ̃teʀyptœʀ]
der Lichtschalter
le réveil
[lə ʀevɛj]
der Wecker
l'oreiller
[lɔʀeje]
das Kopfkissen
la chaise
[la ʃɛz]
der Stuhl
le bureau [lə byʀo]
der Schreibtisch
la fiche
[la fiʃ]
der Stecker
la prise de courant
[la pʀiz də kuʀɑ̃]
die Steckdose
la lampe de bureau [la lɑ̃p də byʀo]
die Schreibtischlampe

Im Schlafzimmer

Dans la chambre [dɑ la ʃɑ̃bʀ]

Im Badezimmer

Dans la salle de bains [dɑ la sal də bɛ̃]

la douche
[la duʃ]
die Dusche
l'après-shampoing
[lapʀɛ ʃɑ̃pwɛ̃]
die Haarspülung
la chasse d'eau
[la ʃas d‿o]
die Spülung
le gel douche
[lə ʒɛl duʃ]
das Duschgel
le shampoing
[lə ʃɑ̃pwɛ̃]
das Shampoo
les toilettes
[le twalɛt]
die Toilette
la brosse de toilette
[la bʀɔs d twalɛt]
die Klobürste
le savon
[lə savɔ̃]
die Seife
papier hygiénique
lə papje iʒjenik]
das Klopapier
le tuyau d'écoulement
[lə tɥijo d ekulmɑ̃]
der Abfluss
le tapis de bain
[lə tapi də bɛ]
die Bademattе
la baignoire
[la bɛɲwaʀ]
die Badewanne

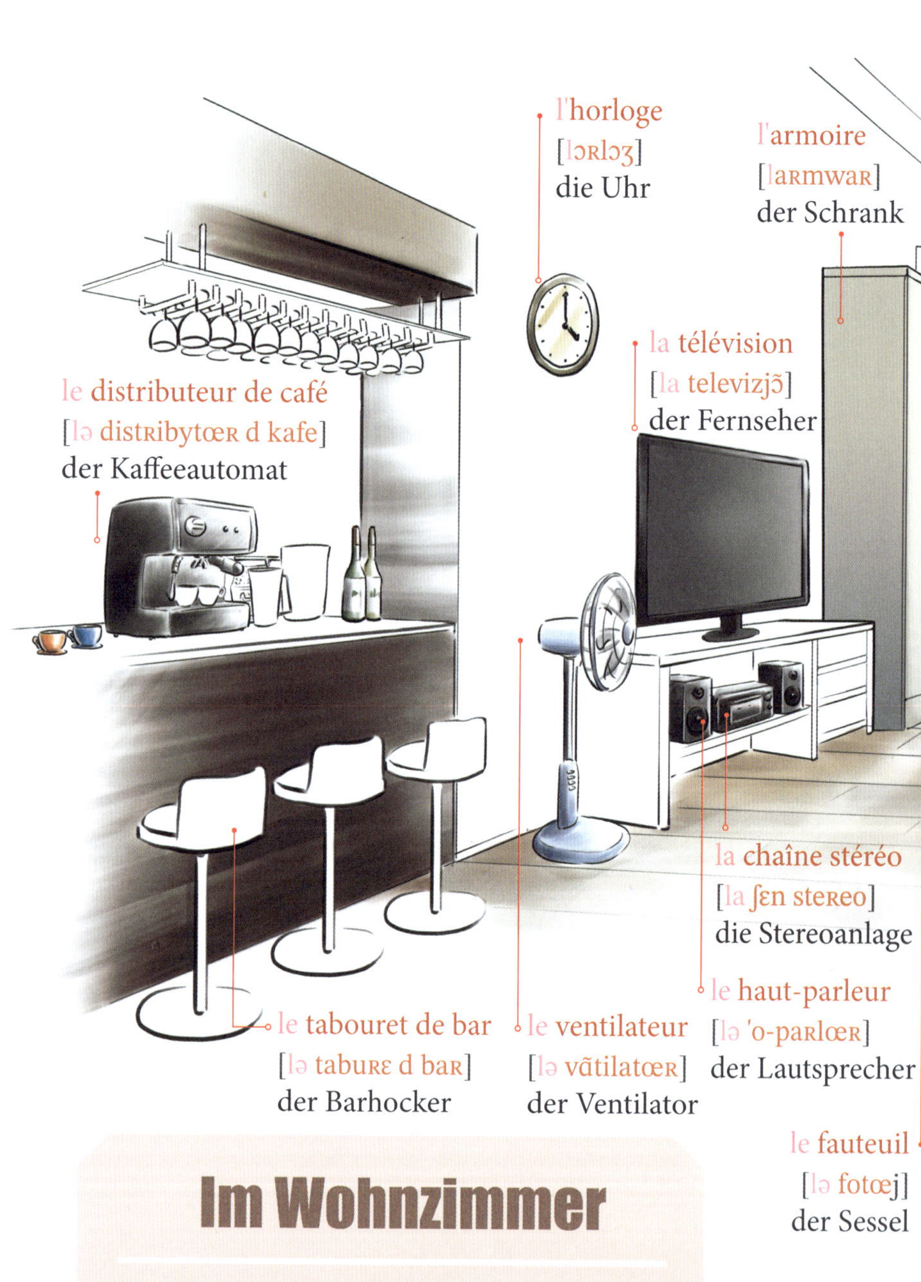

Im Wohnzimmer

Dans la salle de séjour [dɑ la sal də seʒuʀ]

la lampe
[la lɑ̃p]
die Lampe
le piano
[lə pjano]
das Klavier
le tableau
[lə tablo]
das Bild
les livres
[le livʀ]
die Bücher
le violon
[lə vjɔlɔ̃]
die Geige
la table
[la tabl]
der Tisch
le téléphone
[lə telefɔn]
das Telefon
le vase
[lə vɑz]
die Vase
le sofa
[lə sɔfa]
das Sofa
la télécommande
[la telekɔmɑ̃d]
die Fernbedienung
les fleurs
[le flœʀ]
die Blumen

la poêle
[la pwal]
die Pfanne
la tasse
[la tɑs]
die Tasse
la bouteille
[la butɛj]
die Flasche
le verre à vin
[lə vɛʀ a vɛ̃]
das Weinglas
l'assiette
[lasjɛt]
der Teller
la cuillère
[la kɥijɛʀ]
der Löffel
la fourchette
[la fuʀʃɛt]
die Gabel
la planche
[la plɑ̃ʃ]
das Schneidebrett
le robinet
[lə ʀɔbinɛ]
der Wasserhahn
le micro-ondes
[lə mikʀo-ɔ̃d]
die Mikrowelle

In der Küche

Dans la cuisine [dɑ la kɥizin]

Ausflüge (in der Stadt und außerhalb)

Excursions en ville et à la campagne

[ɛkskyʀsjõ ɑ̃ vil e a la kɑ̃paɲ]

Quelles sont les attractions touristiques de la région ?

[kɛl sɔ̃ le atʀaksjɔ̃ tuʀistik də la ʀeʒjɔ̃]

Welche Sehenswürdigkeiten gibt es in der Region?

Où est-ce que je peux goûter les plats locaux ?

[u ɛs‿kəʒ pø gute le pla lɔko]

Wo kann ich regionale Spezialitäten probieren?

Ausflüge mit dem Zug

Voyager en train [vwajaʒe ɑ̃ tʀɛ̃]

Où est la gare ? [u ɛ la gaʀ]	Wo ist der Bahnhof?
Où est le guichet automatique ? [u ɛ lə giʃɛ otomatik]	Wo ist der Fahrkartenautomat?
Où est le guichet ? [u ɛ lə giʃɛ]	Wo ist der Fahrkartenschalter?
Combien coûte le billet ? [kɔ̃bjɛ̃ kut lə bijɛ]	Wie viel kostet die Fahrkarte?
Un billet en première classe, s'il vous plaît. [ɛ̃ bijɛ ɑ̃ pʀəmjɛʀ klɑs sil vu plɛ]	Bitte eine Fahrkarte erster Klasse.
Un billet en deuxième classe, s'il vous plaît. [ɛ̃ bijɛ ɑ døzjɛm klɑs sil vu plɛ]	Bitte eine Fahrkarte zweiter Klasse.
Un aller simple, s'il vous plaît. [ɛ̃‿ale sɛ̃pl sil vu plɛ]	Bitte eine einfache Fahrkarte.

Un billet aller-retour, s'il vous plaît. [ɛ̃ bijɛ ale ʀətuʀ sil vu plɛ]	Bitte eine Rückfahrkarte.
Je veux réserver une place. [ʒ vø ʀezɛʀve yn plas]	Ich möchte einen Sitzplatz reservieren.
Quand est-ce que le train va partir ? [kɑ̃ ɛs‿kə lə tʀɛ̃ va paʀtiʀ]	Wann fährt der Zug ab?
Combien de fois est-ce que je dois changer de train ? [kɔ̃bjɛ̃ dfwa ɛs‿kə jə dwa ʃɑ̃ʒe də tʀɛ̃]	Wie oft muss ich umsteigen?
Quelle est la prochaine station ? [kɛl‿e la pʀɔʃɛn stasjɔ̃]	Wie heißt die nächste Haltestelle?
Pouvez-vous me dire quand je dois descendre, s'il vous plaît ? [puve vu mdiʀ kɑ̃ ʒə dwa desɑ̃dʀ sil vu plɛ]	Würden Sie mir bitte sagen, wann ich aussteigen muss?

Am Bahnhof

A la gare [a la gaʀ]

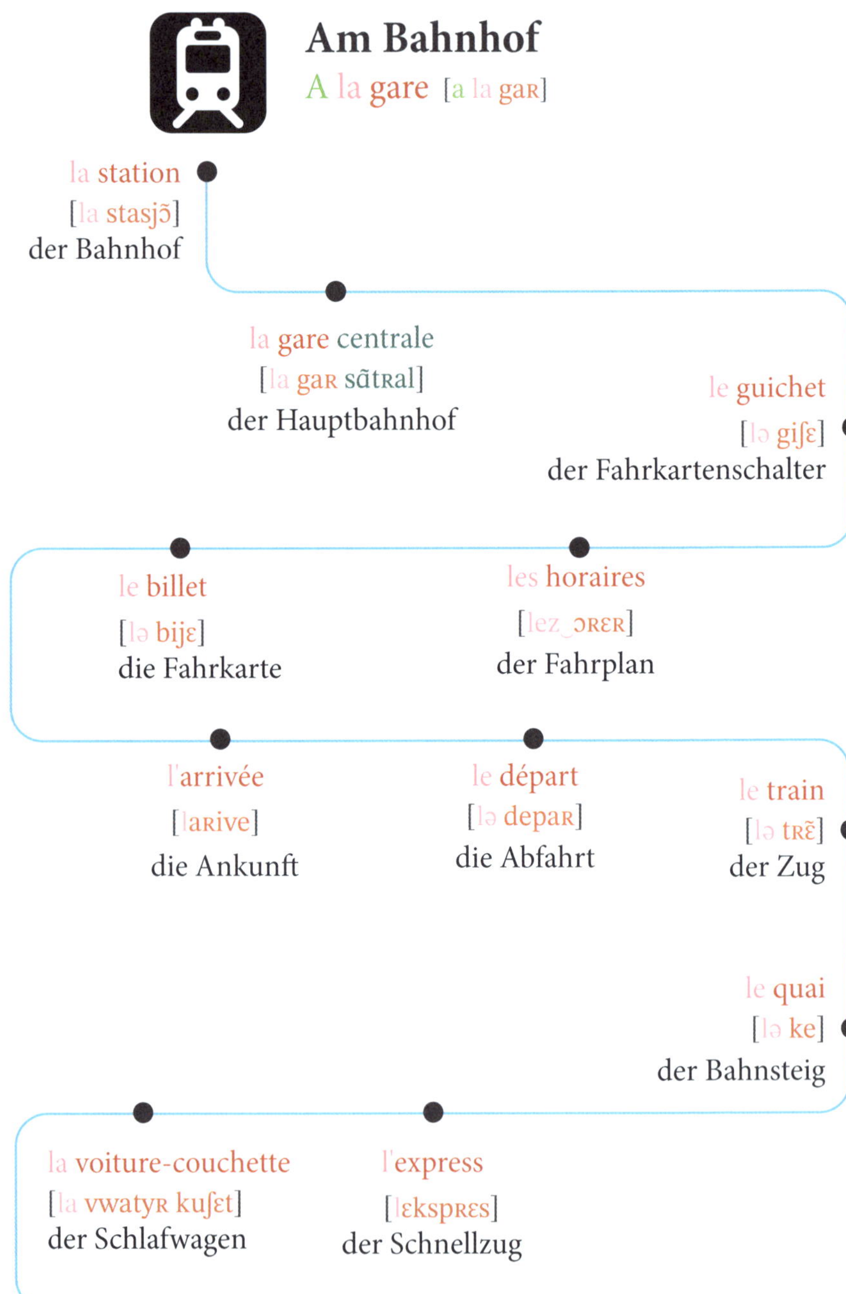

le billet de première classe
[lə bijɛ də pʀəmjɛʀ klɑs]
eine Fahrkarte erster Klasse

le billet de deuxième classe
[lə bijɛ də døzjɛm klɑs]
eine Fahrkarte zweiter Klasse

la réservation de siège
[la ʀezɛʀvasjɔ̃ də sjɛʒ]
eine Sitzplatzreservierung

un aller-retour
[ɛ̃ ale ʀətuʀ]
hin und zurück

un aller-simple
[ɛ̃ ale sɛ̃pl]
einfach

la surtaxe
[la syʀtaks]
der Zuschlag

monter
[mɔ̃te]
einsteigen

descendre
[desɑ̃dʀ]
aussteigen

changer de train
[ʃɑ̃ʒe də tʀɛ̃]
umsteigen

A quelle heure est-ce que le train / le bus / le métro / le tram va partir ?

[a kɛl‿œʀ ɛs‿kə lə tʀɛ̃ / lə bys / lə metʀo / lə tʀam va paʀtiʀ]

Um wie viel Uhr fährt der Zug / der Bus / die U-Bahn / die Straßenbahn ab?

Excusez-moi, pouvez-vous m'aider à acheter un billet avec ce distributeur ?

[ɛkskyze mwa puve vu mede a aʃəte ɛ̃ bijɛ avɛk sə distʀibytœʀ]

Entschuldigen Sie bitte, könnten Sie mir helfen,
ein Ticket an diesem Automaten zu kaufen?

Je veux aller à ...

[ʒə vø ale a]

Ich möchte nach... fahren.

Ausflüge mit dem Bus und mit der Straßenbahn

Excursions en bus et en tram [ɛkskyʀsjõ ɑ̃ bys e ɑ̃ tʀam]

l'autobus, le bus [lotobys, lə bys]	der Autobus, der Bus
l'arrêt de bus [laʀɛ də bys]	die Bushaltestelle
le tram [lə tʀam]	die Straßenbahn

Où est l'arret de tram ?
[u ɛ laʀɛd tʀam]
Wo ist die Straßenbahnhaltestelle?

l'arrêt de tram [laʀɛd tʀam]	die Straßenbahnhaltestelle
le billet [lə bijɛ]	die Fahrkarte
le contrôleur lə kɔ̃tʀolœʀ]	der Kontrolleur
l'amende [lamɑ̃d]	die Geldstrafe

Où est ... ?

[u ɛ]

Wo ist ...?

Où est l'arrêt de bus ?

[u ɛ laʀɛd bys]

Wo ist die Bushaltestelle?

le feu rouge
[lə fø ʀuʒ]
die rote Ampel

la moto
[la moto]
das Motorrad

le vélo
[lə velo]
das Fahrrad

la voiture
[la vwatyʀ]
das Auto

Auf eigene Faust unterwegs mit dem Auto, Motorrad, Fahrrad und zu Fuß

Voyager seul en voiture, en moto, à vélo et à pied

[vwajaʒe sœl ɑ̃ vwatyʀ ɑ̃ mɔto a velo e a pje]

la rue [la ʀy]	die Straße
l'intersection [lɛ̃tɛʀsɛksjɔ̃]	die Kreuzung
aller tout droit [ale tu dʀwa]	geradeaus
tourner à droite [tuʀne a dʀwat]	rechts abbiegen
tourner à gauche [tuʀne a goʃ]	links abbiegen
Où est la station d'essence ? [u ɛ la stasjɔ̃ desɑ̃s]	Wo ist eine Tankstelle?
ici [isi]	hier
là [la]	dort
près [pʀɛ]	nah
loin [lwɛ̃]	weit
l'assurance [lasyʀɑ̃s]	die Versicherung
Quelle essence est-ce que je dois prendre ? [kɛl‿esɑ̃s ɛs‿kə ʒə dwa pʀɑ̃dʀ]	Welches Benzin soll ich tanken?

Kunst und Freizeitaktivitäten

Les beaux-arts et les loisirs [le bozaʀ e le lwaziʀ]

le théâtre
[lə teɑtʀ]
das Theater

---

l'opéra
[lɔpeʀa]
das Opernhaus

---

le cinéma
[lə sinema]
das Kino

---

la galerie d'art
[la galʀi dɑː]
die Kunstgalerie

---

le musée
[lə myze]
das Museum

---

la piscine
[la pisin]
das Hallenbad

la piscine extérieure
[la pisin ɛksteʀjœʀ]
das Freibad

le spa
[lə spa]
der Spabereich

le parc municipal
[lə paʀk mynisipal]
der Stadtpark

la salle de sport
[la sal də spɔʀ]
das Fitnessstudio

Sehenswürdigkeiten

Les sites touristiques [le sit tuʀistik]

la tour Eiffel
[la tuʀ ɛfɛl]

la cathédrale Notre-Dame
[la katedʀal nɔtʀ-dam]

les Champs-Elysées
[le ʃɑ̃selize]

le musée du Louvre
[lə myze dy luvʀə]

le Moulin Rouge
[lə mulɛ̃ ʀuʒ]

le Panthéon
[lə pɑ̃teɔ̃]

le pont des Arts
[lə pɔ̃ de saʀ]

Versailles
[vɛʀˈsɑːj]

le Sacré-Cœur
[lə sakʀe kœʀ]

le centre Pompidou
[lə sɑ̃tʀ pɔ̃pidu]

Essen
- In der Bäckerei 52
- In der Metzgerei 54
- Im Fischgeschäft 56
- Im Gemüseladen 59
- Im Obstladen 64

Getränke 68
- In der Bar 70
- Im Café 72
- Tee 74
Im Restaurant 77
Die Gewürze 80
Das Frühstück 83
Die Vorspeise 84
Das Hauptgericht 85
Der Imbiss 87
Die Süßspeisen 88
Die Käsesorten 90

Einkaufsmöglichkeiten 92
Die Farben 100
Die Zahlen 102

In der Bäckerei

Dans la boulangerie

[dɑ̃ la bulɑ̃ʒʀi]

la baguette

[la bagɛt]

das Baguette

le pain au noix

[lə pɛ o nwa]

das Nussbrot

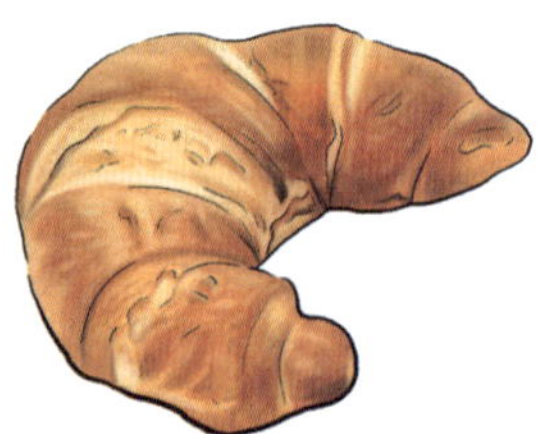

le croissant

[lə kʀwasɑ̃]

das Croissant

le pain de campagne

[lə pɛ̃ də kɑ̃paɲ]

das Landbrot

le pain bâtard

[lə pɛ̃ bɑtaʀ]

das Brot „Bâtard“

la fougasse

[la fugas]

das provenzalische Fladenbrot

le pain complet

[lə pɛ̃ kɔ̃plɛ]

das Vollkornbrot

la brioche

[la bʀijɔʃ]

die Brioche

In der Metzgerei

Dans la boucherie [dɑ̃ la buʃʀi]

l'agneau
[laɲo]
das Lamm

le bœuf
[lə bœf]
das Rindfleisch

le veau
[lə vo]
das Kalb

le canard
[lə kanaʀ]
die Ente

le lapin
[lə lapɛ̃]
das Kaninchen

le porc
[lə pɔʀ]
das Schweinefleisch

l'escargot
[lɛskaʀgo]
die Schnecke

le poulet
[lə pulɛ]
das Hühnerfleisch

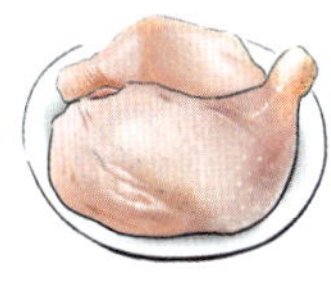

Im Fischgeschäft

Dans la poissonnerie
[dɑ̃ la pwasɔnʀi]

la truite
[la tʀɥit]
die Forelle

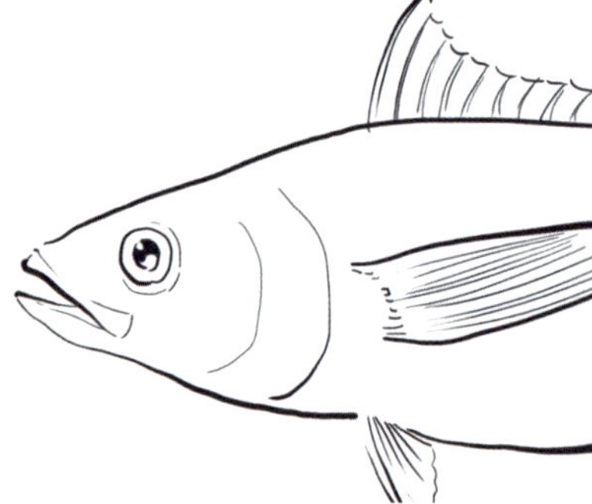

le poisson
[lə pwasɔ̃]
der Fisch

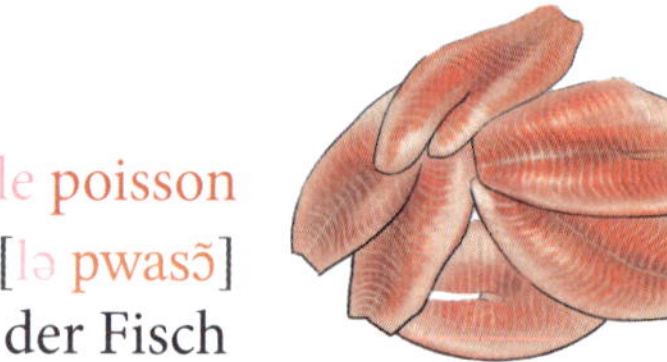

le crabe
[lə kʀɑb]
die Krabbe

les crevettes
[le kʀəvɛt]
die Garnele

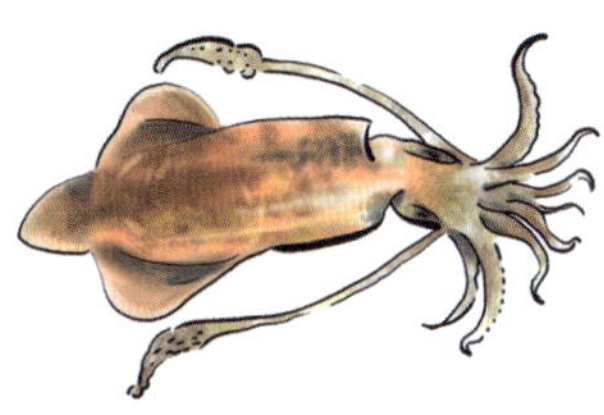

le thon
[lə tɔ̃]
der Thunfisch

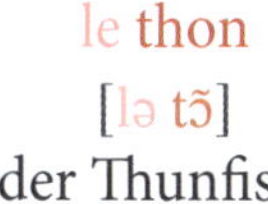

le calamar
[lə kalamaʀ]
der Tintenfisch

le saumon
[lə somɔ̃]
der Lachs

les moules
[le mul]
die Miesmuschel

l'huître
[lɥitʀ]
die Auster

1
5
2
4
3
6
7
8
9

Im Gemüseladen

Au rayon légumes [o ʀɛjõ legym]

1. l'aubergine [lobɛʀʒin]
die Aubergine

2. le concombre [lə kõkõbʀ]
die Gurke

3. le brocoli [lə bʀɔkɔli]
der Brokkoli

4. l'artichaut [laʀtiʃo]
die Artischocke

5. le chou chinois [lə ʃu ʃinwa]
der Chinakohl

6. les petits pois [le pəti pwɑ]
die Erbsen

7. le chou-fleur [lə ʃuflœʀ]
der Blumenkohl

8. les carottes [le kaʀɔt]
die Möhren

9. le basilic [lə bazilik]
der Basilikum

1. le gingembre [lə ʒɛ̃ʒɑ̃bʀ]
der Ingwer

2. la laitue [la lety]
der Kopfsalat

3. la citrouille [la sitʀuj]
der Kürbis

4. les amandes [lez‿amɑ̃d]
die Mandeln

5. les cacahouètes [le kakaɥɛt]
die Erdnüsse

6. les noisettes [le nwazɛt]
die Haselnüsse

7. l'ail [laj]
der Knoblauch

8. les champignons [le ʃɑ̃piɲɔ̃]
die Pilze

9. les pommes de terre [le pɔm də tɛʀ]
die Kartoffeln

10. le maïs [lə mais]
der Mais

11. les noix [le nwa]
die Walnüsse

1
2
3
4
5
6
7
8
9
10
11

1
2
3
4
5
6
7
8
9
10

1. la betterave rouge [la bɛtʀav ʀuʒ]
die rote Beete

2. le poivron [lə pwavʀɔ̃]
die Paprika

3. l'oignon [lɔɲɔ̃]
die Zwiebel

4. le chou blanc [lə ʃu blɑ̃]
der Weißkohl

5. le chou rouge [lə ʃu ʀuʒ]
der Rotkohl

6. l'asperge [laspɛʀʒ]
der Spargel

7. la tomate [la tɔmat]
die Tomate

8. la courgette [la kuʀʒɛt]
die Zucchini

9. le céleri [lə sɛlʀi]
die Sellerie

10. les épinards [lez‿epinaʀ]
der Spinat

Im Obstladen

Au rayon fruits
[o ʀɛjõ fʀɥi]

la pomme
[la pɔm]
der Apfel

la pomme verte
[la pɔm vɛʀt]
der grüne Apfel

la poire
[la pwaʀ]
die Birne

la cerise
[la səʀiz]
die Kirsche

la prune
[la pʀyn]
die Pflaume

l'olive
[lɔliv]
die Olive

la noix de coco
[la nwad koko]
die Kokosnuss

la fraise
[la fʀɛz]
die Erdbeere

l'ananas
[lanana]
die Ananas

la grenade
[la gʀənad]
der Granatapfel

la mûre
[la myʀ]
die Brombeere

la framboise
[la fʀɑ̃bwaz]
die Himbeere

la myrtille
[la miʀtij]
die Blaubeere

le cassis
[lə kasis]
die schwarze Johannisbeere

la groseille
[la gʀozɛj]
die rote Johannisbeere

le citron vert
[lə sitʀɔ̃ vɛʀ]
die Limette

le citron
[lə sitʀɔ̃]
die Zitrone

l'avocat
[lavɔka]
die Avocado

la pêche
[la pɛʃ]
der Pfirsich

la papaye
[la papaj]
die Papaya

la banane
[la banan]
die Banane

la mangue
[la mɑ̃g]
die Mango

l'orange
[lɔʀɑ̃ʒ]
die Orange

la mandarine
[la mɑ̃daʀin]
die Mandarine

la pastèque
[la pastɛk]
die Wassermelone

le raisin
[lə ʀɛzɛ̃]
die Weintraube

le melon
[lə məlɔ̃]
die Melone

le kiwi
[lə kiwi]
die Kiwi

Getränke

Les boissons [le bwasɔ̃]

l'eau pétillante
[lo petijɑ̃t]
das (Mineral)wasser mit Kohlensäure

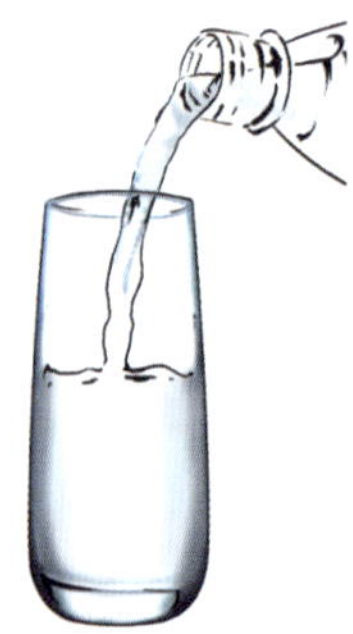

l'eau plate
[lo plat]
das stille Wasser

l'eau minérale
[lo mineʀal]
das Mineralwasser

la limonade
[la limɔnad]
die Limonade

les boissons gazeuses
[le bwasɔ̃ gɑzøs]
die Erfrischungsgetränke

le jus de carotte
[lə ʒyd kaʀɔt]
der Karottensaft

le jus d'ananas
[lə ʒy dananas]
der Ananassaft

le jus de pomme
[lə ʒyd pɔm]
der Apfelsaft

le jus de tomate
[lə ʒyd tɔmat]
der Tomatensaft

le jus d'orange
[lə ʒy dɔʀɑ̃ʒ]
der Orangensaft

le jus de raisin
[lə ʒyd ʀɛzɛ̃]
der Traubensaft

In der Bar

Dans le bar [dɑ̃ lə baʀ]

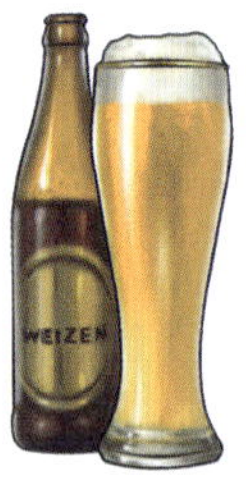

la bière
[la bjɛʀ]
das Bier

le vin mousseux
[lə vɛ̃ musø]
der Sekt

le whiskey
[lə wiski]
der Whiskey

le cognac
[lə kɔɲak]
der Cognac

le vin rouge
[lə vɛ̃ ʀuʒ]
der Rotwein

le vin blanc
[lə vɛ̃ blɑ̃]
der Weißwein

le rosé
[lə ʀoze]
der Rosé

La vérité est dans le vin.
[la veʀite ɛ dɑ̃ lə vɛ̃] Im Wein liegt die Wahrheit.

Le vin est de la poésie en bouteille.
[lə vɛ̃ ɛ də la pɔezi ɑ̃ butɛj] Wein ist Poesie in Flaschen.

Le vin blanc rend aussi le nez rouge.
[lə vɛ̃ blɑ̃ ʀɑ̃ osi lə ne ʀuʒ] Auch weißer Wein macht eine rote Nase.

La Vie
est
trop courte
pour boire
du mauvais
Vin

[la vi ɛ tʀo kuʀt puʀ bwaʀ dy mɔvɛ vɛ̃]

Das Leben ist viel zu kurz,
um schlechten Wein zu trinken.

Johann Wolfgang von Goethe

le café express
[lə kafe ɛkspʀɛs]

le café noisette
[lə kafe nwazɛt]

le café allongé
[lə kafe alõʒe]

Im Café

Au café [o kafe]

le café express
der Kaffee mit sehr kräftigem Geschmack

le café noisette
der Espresso mit etwas Milchschaum im Kännchen dabei

le café allongé
der Espresso mit heißem Wasser

le café crème
[lə kafe kʀɛm]

le chocolat chaud
[lə ʃɔkɔla ʃo]

le lait chaud
[lə lɛ ʃo]

le café crème
der Milchkaffee

le chocolat chaud
die heiße Schokolade

le lait chaud
die heiße Milch

1
2
3
Tee
Le thé [lə te]
4
5
6

1. le thé noir
[lə te nwaʀ]
der schwarze Tee

2. le thé blanc
[lə te blɑ̃]
der weiße Tee

3. le thé vert
[lə te vɛʀ]
der grüne Tee

4. le thé aux fruits
[lə te o fʀɥi]
der Früchtetee

5. le thé jaune
[lə te ʒon]
der gelbe Tee

6. la tisane
[la tizan]
der Kräutertee

Excusez-moi, je voudrais commander.

[ɛkskyze mwa ʒə vudʀɛ kɔmɑ̃de]

Entschuldigung!
Ich würde gerne bestellen.

Quelle sont les spécialités de cette région ?

[kɛl sɔ̃ le spesjalite də sɛt ʀeʒjɔ̃]

Was sind die Spezialitäten dieser Region?

Im Restaurant

Dans le restaurant [dɑ̃ lə ʀɛstɔʀɑ̃]

le restaurant [lə ʀɛstɔʀɑ̃] das Restaurant

le menu [lə məny] die Speisekarte

l'entrée [lɑ̃tʀe] die Vorspeise

le plat principal [lə pla pʀɛ̃sipal] das Hauptgericht

le dessert [lə desɛʀ] der Nachtisch

Est-ce que vous avez une table pour deux personnes ? [ɛs‿kə vuz‿ave yn tabl puʀ dø pɛʀsɔn]	Haben Sie einen Tisch für zwei Personen?
Vous avez un plat du jour ? [vuz‿ave ɛ̃ pla dy ʒuʀ]	Gibt es ein Tagesmenü?
Qu'est-ce que vous me recommandez ? [kɛs kə vum ʀəkɔmɑ̃de]	Was empfehlen Sie mir?
Je voudrais … [ʒə vudʀɛ]	Ich hätte gerne...

le repas	[lə ʀəpɑ]	die Mahlzeit
le petit déjeuner	[lə pəti deʒœne]	das Frühstück
le déjeuner	[lə deʒœne]	das Mittagessen
le dîner	[lə dine]	das Abendessen

Bon appétit !

[bɔ̃n‿apeti]

Guten Appetit!

L'addition, s'il vous plaît.

[ladisjɔ̃ sil vu plɛ]

Die Rechnung, bitte.

Le repas était très bon ! [lə ʀəpɑ etɛ tʀɛ bɔ̃]	Das Essen war sehr gut!
Délicieux ! [delisjø]	Köstlich!
C'est bien comme ça. [sɛ bjɛ̃ kɔm sa]	Es stimmt so.
le pourboire [lə puʀbwaʀ]	das Trinkgeld

le poivre
[lə pwavʀ]
der Pfeffer

le sel
[lə sɛl]
das Salz

Die Gewürze

L'assaisonnements [lasɛzɔnmɑ̃]

le piment
[lə pimɑ̃]
das Chilipulver

le pistou
[lə pistu]
das Pesto

le curry
[lə kyʀi]
das Currypulver

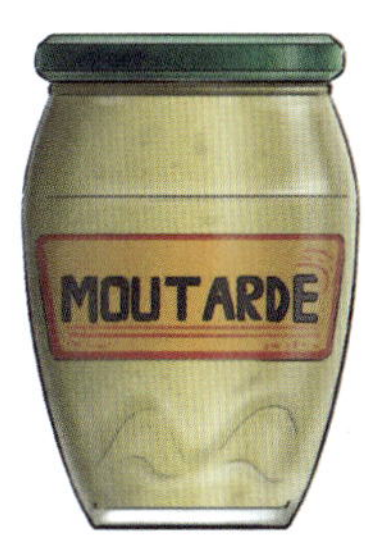

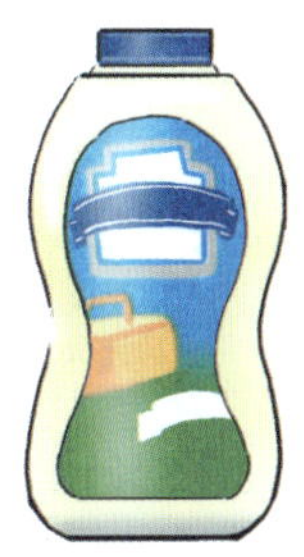

la moutarde
[la mutaʀd]
der Senf

le ketchup
[lə kɛtʃœp]
der Tomatenketchup

la mayonnaise
[la majɔnɛz]
die Mayonnaise

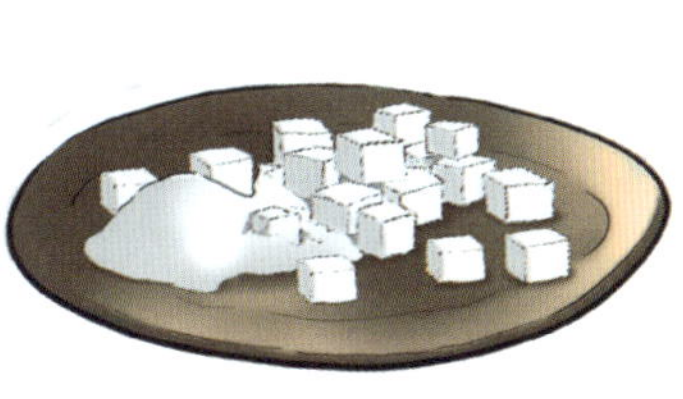

le sucre
[lə sykʀ]
der Zucker

l'édulcorant
[ledylkɔʀɑ̃]
der Süßstoff

le paprika
[lə papʀika]
das Paprikapulver

le Parmesan
[lə paʀməzɑ̃]
der Parmesankäse

la sauce de soja
[la sosd sɔʒa]
die Sojasoße

la confiture
[la kɔ̃fityʀ]
die Marmelade

le beurre de cacahouète
[lə bœʀ də kakaɥɛt]
die Erdnussbutter

le miel
[lə mjɛl]
der Honig

le beurre
[lə bœʀ]
die Butter

le fromage
[lə fʀɔmaʒ]
der Käse

le toast
[lə tost]
das Toastbrot

l'œuf à la coque
[lœf a la kɔk]
das gekochte Ei

l'omelette
[lɔmlɛt]
das Omelett

Das Frühstück

Le petit déjeuner [lə pəti deʒœne]

le muesli
[lə mysli]
das Müsli

la salade de fruits
[la salad də fʀɥi]
der Obstsalat

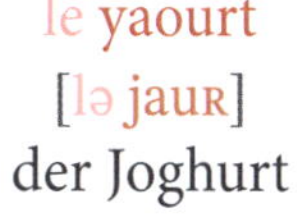

le yaourt
[lə jauʀ]
der Joghurt

l'œuf au plat
[lœf o pla]
das Spiegelei

le jambon
[lə ʒɑ̃bɔ̃]
der Schinken

les œufs brouillés
[lez‿œf bʀuje]
das Rührei

Die Vorspeise

L'entrée [lɑ̃tʀe]

les crudités
[le kʀydite]
die Rohkost

les canapés
[le kanape]
die Häppchen

le foie gras
[lə fwa gʀɑ]
die Gänseleberpastete

les huîtres
[lez‿ɥitʀ]
die Austern

Das Hauptgericht

Le plat principal [lə pla pʀɛ̃sipal]

le coq au vin
[lə kɔk‿o vɛ̃]
das Hühnchen in Weinsoße

la bouillabaisse
[la bujabɛs]
die Bouillabaisse Fischsuppe

le poulet rôti et pommes de terre
[lə pulɛ ʀoti e pɔm dtɛʀ]
das gegrillte Hühnchen mit Kartoffeln

les paupiettes de veau rôties
[le popjɛt dvo ʀoti]
die Kalbfleischröllchen

les moules marinières
[le mul maʀinjɛʀ]
die Miesmuscheln auf Weißweinsoße

la petite choucroute de la mer
[la pəti ʃukʀut də la mɛʀ]
die Meeresfrüchte auf Sauerkraut

la crêpe jambon-fromage
[la kʀɛp ʒɑ̃bɔ̃ fʀɔmaʒ]
die Crêpe mit Schinken und Käse

la poêlée d'escargots aux girolles
[la pwale dɛskaʀgo o ʒiʀɔl]
die gebratenen Schnecken auf Pfifferlingen

le gratin dauphinois
[lə gʀatɛ̃ dofinwa]
das Kartoffelgratin

le cassoulet
[lə kasulɛ]
das Cassoulet

Der Imbiss

Le snack [lə snak]

le hamburger
[lə ãbuʀgœʀ]
der Hamburger

le sandwich
[lə sãdwiʃ]
das Sandwich

la pizza
[la pidza]
die Pizza

Die Süßspeisen

Le dessert [lə desɛʀ]

1. la crêpe [la kʀɛp]

2. la crème brûlée [la kʀɛm bʀyle]

3. la meringue [la məʀɛ̃g]

4. le chou à la crème [lə ʃu ã la kʀɛm]

5. la tarte aux pommes [la taʀt‿o pɔm]

6. le macaron [lə makaʀɔ̃]

7. le gâteau roulé [lə gɑto ʀule]

8. le mille-feuille [lə milfœj]

9. l'éclair [leklɛʀ]

10. le nid d'abeille [lə ni dabɛj]

11. la tarte au citron [la taʀt‿o sitʀɔ̃]

1
3
2
4
5
7
6
8
9
10
11

Die Käsesorten

Les fromages [le fʀɔmaʒ]

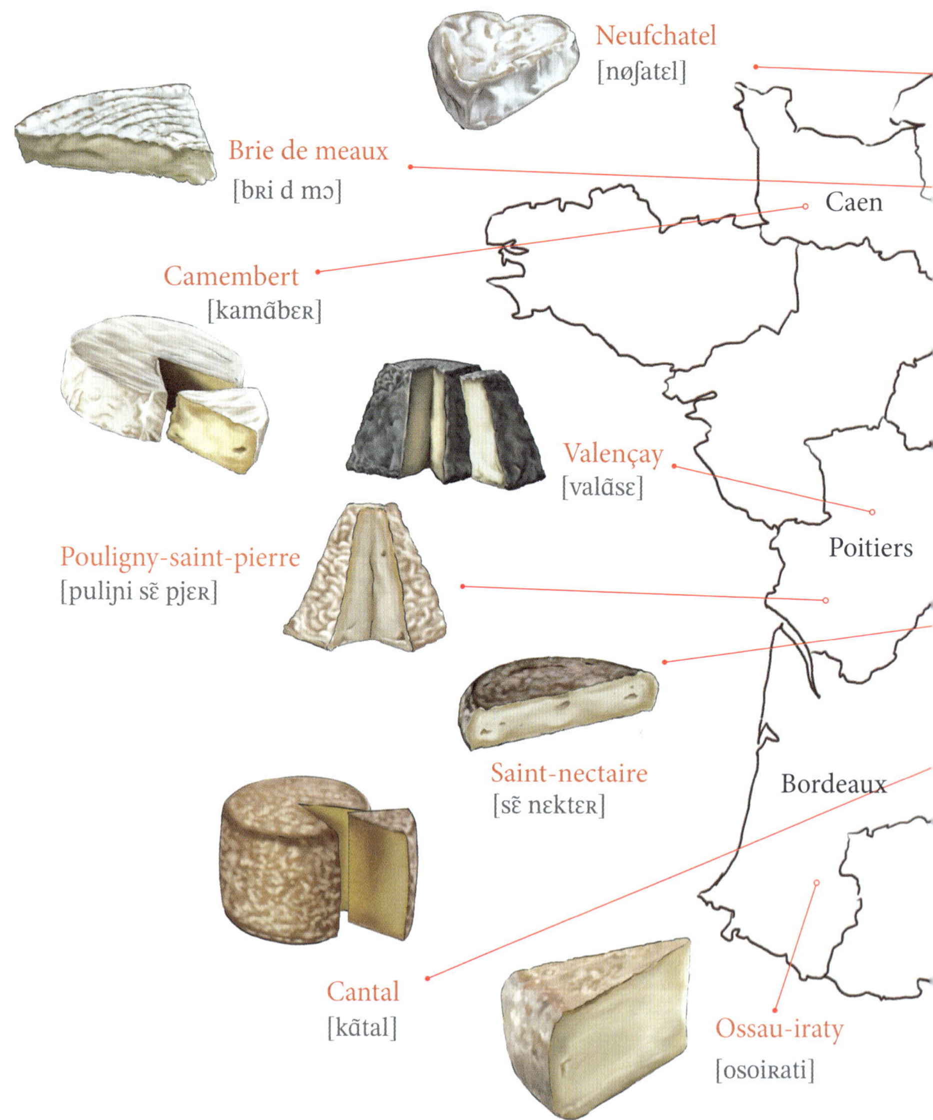

Chaource
[ʃauʀs]
Langres
[lɑ̃gʀ]
Munster gerome
[mœstɛʀ ʒəʀɔm]
Comté
[kɔ̃te]
Reblochon
[ʀəblɔʃɔ̃]
Beaufort
[bofɔʀ]
Roquefort
[ʀɔkfɔʀ]
Banon
[banɔ̃]
Bleu des Caussses
[blœ de kos]
Pélardon
[pelaʀdɔ̃]
Amiens
Paris
Strasbourg
Dijons
Besançon
Lyon
Clermont-
Ferrand
Mont-
pellier
Marseille

Einkaufsmöglichkeiten

Faire du shopping [fɛʀ dy ʃɔpiŋ]

Monoprix®

Fnac®

Intermarché®

Carrefour®

Auchan®

le centre commercial
[lə sɑ̃tʀ kɔmɛʀsjal]
das Einkaufszentrum

le supermarché
[lə sypɛʀmaʀʃe]
der Supermarkt

l'hypermarché
[lipɛʀmaʀʃe]
der Großmarkt

le magasin
[lə magazɛ̃]
das Geschäft

l'épicerie
[lepisʀi]
der Lebensmittelladen

Alles, was das Herz begehrt

Tout ce que vous désirez [tu sə kə vu deziʀe]

la parfumerie
[la paʀfymʀi]
die Parfümerie

le coiffeur
[lə kwafœʀ]
der Friseursalon

le bijoutier
[lə biʒutje]
das Juweliergeschäft

le fleuriste
[lə flœʀist]
der Blumenladen

la boutique de mode

[la butik də mɔd]

die Modeboutique

le magasin de chaussures

[lə magazɛ̃ də ʃosyʀ]

das Schuhgeschäft

le magasin de souvenirs

[lə magazɛ̃ də suvəniʀ]

der Souvenirladen

l'antiquaire

[lɑ̃tikɛʀ]

das Antiquitätengeschäft

Je cherche…. [ʒə ʃɛʀʃ]	Ich suche...
une chemise. [yn ʃəmiz]	ein Hemd.
un pantalon. [ɛ̃ pɑ̃talɔ̃]	eine Hose.
une paire de chaussures. [yn pɛʀ də ʃosyʀ]	ein Paar Schuhe.
une paire de chaussettes. [yn pɛʀ də ʃosɛt]	ein Paar Strümpfe.
deux chemisiers. [dø ʃəmizje]	zwei Blusen.
trois vestes. [tʀwɑ vɛst]	drei Jacken.
quatre robes. [katʀ ʀɔb]	vier Kleider.
cinq manteaux. [sɛ̃ mɑ̃to]	fünf Mäntel.

Ça coûte combien ? [sa kut kɔ̃bjɛ̃]	Wie viel kostet das?
Ça coûte …. euros. [sa kut øʀo]	Das kostet... Euro.
C'est très cher. [sɛ tʀɛ ʃɛʀ]	Das ist sehr teuer.
Pouvez vous me faire une réduction ? [puve vu mə fɛʀ yn ʀedyksjɔ̃]	Können Sie mir einen Preisnachlass gewähren?
C'est très bon marché. [sɛ tʀɛ bɔ̃ maʀʃe]	Das ist sehr billig.
Merci, c'est tout. [mɛʀsi sɛ tu]	Danke, das ist alles.
Le prix est raisonnable. [lə pʀi ɛ ʀɛzɔnabl]	Der Preis ist angemessen.
C'est trop court / trop long. [sɛ tʀo kuʀ / tʀo lɔ̃]	Das ist zu kurz / zu lang.
C'est trop large / trop serré. [sɛ tʀo laʀʒ / tʀo seʀe]	Das ist zu weit / zu eng.

Est-ce que je peux essayer ?

[ɛs‿kə ʒpø eseje]

Kann ich das anprobieren?

Où sont les cabines d'essayage ?

[u sɔ̃ le kabin desɛjaʒ]

Wo sind die Umkleidekabinen?

En solde

ɑ̃ sɔld

Im Ausverkauf

En promotion

[ɑ̃ pʀɔmosjɔ̃] Sonderverkauf

Offre spéciale

[ɔfʀ spesjal] Sonderangebot

A prix réduit

[a pʀi ʀedɥi] Reduziert

Die Farben

Les couleurs [le kulœʀ]

blanc, blanche
[blɑ̃, blɑ̃ʃ]
weiß

noir, noire
[nwaʀ]
schwarz

orange
[ɔʀɑ̃ʒ]
orange

marron
[maʀɔ̃]
braun

gris, grise
[gʀi, gʀiz]
grau

bleu, bleue
[blø]
blau

clair(e) [klɛʀ] hell

foncé(e) [fɔ̃se] dunkel

Die Zahlen

Les nombres [le nɔ̃bʀ]

0	zéro	[zeʀo]
1	un	[ɛ̃]
2	deux	[dø]
3	trois	[tʀwɑ]
4	quatre	[katʀ]
5	cinq	[sɛ̃k]
6	six	[sis]
7	sept	[sɛt]
8	huit	[ɥit]
9	neuf	[nœf]
10	dix	[dis]
11	onze	[ɔ̃z]
12	douze	[duz]
13	treize	[tʀɛz]
14	quatorze	[katɔʀz]
15	quinze	[kɛ̃z]
16	seize	[sɛz]
17	dix-sept	[disɛt]
18	dix-huit	[dizɥit]
19	dix-neuf	[diznœf]
20	vingt	[vɛ̃]
21	vingt et un	[vɛ̃t‿e ɛ̃]
22	vingt-deux	[vɛ̃ dø]
23	vingt-trois	[vɛ̃ tʀwɑ]
24	vingt-quatre	[vɛ̃ katʀ]
25	vingt-cinq	[vɛ̃ sɛ̃k]
26	vingt-six	[vɛ̃ sis]
27	vingt-sept	[vɛ̃ sɛt]

28	vingt-huit	[vɛ̃ ɥit]
29	vingt-neuf	[vɛ̃ nœf]
30	trente	[tʀɑ̃t]
40	quarante	[kaʀɑ̃t]
50	cinquante	[sɛ̃kɑ̃t]
60	soixante	[swasɑ̃t]
70	soixante-dix	[swasɑ̃t dis]
80	quatre-vingt	[katʀ vɛ̃]
90	quatre-vingt-dix	[katʀ vɛ̃ dis]
100	cent	[sɑ̃]
101	cent un	[sɑ̃ ɛ̃]
102	cent deux	[sɑ̃ dø]
200	deux cents	[dø sɑ̃]
300	trois cents	[tʀwɑ sɑ̃]
400	quatre cents	[katʀ sɑ̃]
500	cinq cents	[sɛ̃k sɑ̃]
600	six cents	[si sɑ̃]
700	sept cents	[sɛt sɑ̃]
800	huit cents	[ɥit sɑ̃]
900	neuf cents	[nœf sɑ̃]
1000	mille	[mil]
10 000	dix mille	[di mil]
100 000	cent mille	[sɑ̃ mil]
1 000 000	un million	[ɛ̃ miljɔ̃]

1

premier / première

[pʀəmje / pʀəmjɛʀ]

der/die/das Erste

2

deuxième

[døzjɛm]

der/die/das Zweite

3

troisième

[tʀwazjɛm]

der/die/das Dritte

quatrième	[katʀijɛm]	der/die/das Vierte
cinquième	[sɛ̃kjɛm]	der/die/das Fünfte
sixième	[sizjɛm]	der/die/das Sechste
septième	[sɛtjɛm]	der/die/das Siebte
huitième	[ɥitjɛm]	der/die/das Achte
neuvième	[nœvjɛm]	der/die/das Neunte
dixième	[dizjɛm]	der/die/das Zehnte

Die Zeit und das Wetter 108
Wann denn? 108
Rund um die Uhr 110
Die Wochentage 116
Die zwölf Monate des Jahres 119
Das Wetter und die Jahreszeiten 120

Die Körperteile 122
Der Körper und die Gesundheit 123
Wenn man sich krank fühlt 126
Tätigkeiten des Alltags 130
Notfälle 136

Was sagen uns die Schilder? 140
Gefühlsausbrüche 144
Slang 150
Komplimente 155
Romantisches 156
Land und Leute 158

Die Zeit und das Wetter

Le temps et la météo [lə tɑ̃ e la meteo]

Wann denn?

Quand donc? [kɑ̃ dɔ̃k]

hier
[jɛʀ]
gestern

hier soir
[jɛʀ swaʀ]
letzte Nacht

avant-hier
[avɑ̃tjɛʀ]
vorgestern

la semaine dernière
[la səmɛn dɛʀnjɛʀ]
letzte Woche

l'année dernière
[lane dɛʀnjɛʀ]
letztes Jahr

aujourd'hui
[oʒuʀdɥi]
heute

demain
[dəmɛ̃]
morgen

après-demain
[apʀɛ dəmɛ̃]
übermorgen

la semaine prochaine
[la səmɛn pʀɔʃɛn]
nächste Woche

l'année prochaine
[lane pʀɔʃɛn]
nächstes Jahr

Rund um die Uhr

A propos de l'heure [a pʀɔpo də lœʀ]

le temps	[lə tɑ̃]	die Uhrzeit
l'horloge	[lɔʀlɔʒ]	die Uhr
la seconde	[la səgɔ̃d]	die Sekunde
les secondes	[le səgɔ̃d]	die Sekunden
la minute	[la minyt]	die Minute
les minutes	[le minyt]	die Minuten
un quart d'heure	[yn kaʀ dœʀ]	ein Viertel
une demi-heure	[yn dəmi œʀ]	die halbe Stunde
l'heure	[lœʀ]	die Stunde
les heures	[lez‿œʀ]	die Stunden

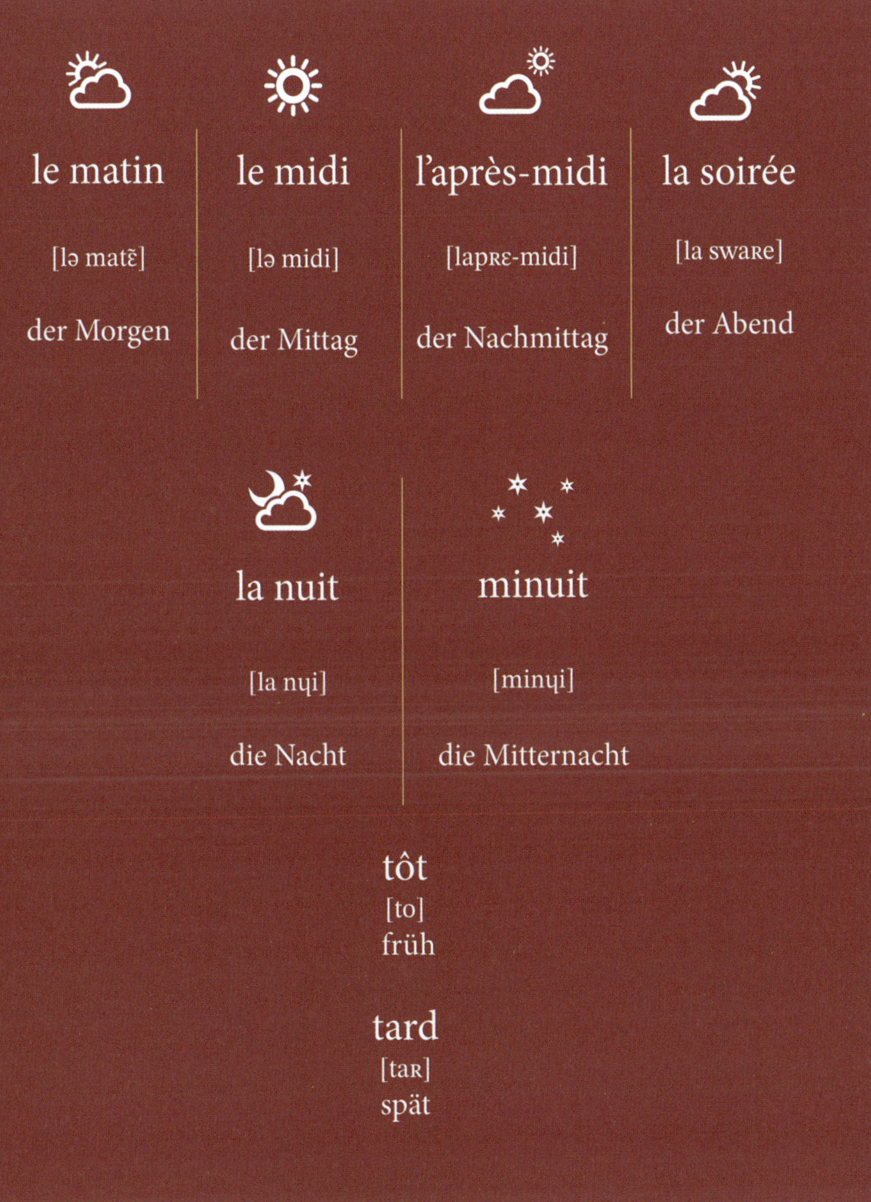
le matin
[lə matɛ̃]
der Morgen
le midi
[lə midi]
der Mittag
l'après-midi
[lapʀɛ-midi]
der Nachmittag
la soirée
[la swaʀe]
der Abend
la nuit
[la nɥi]
die Nacht
minuit
[minɥi]
die Mitternacht
tôt
[to]
früh
tard
[taʀ]
spät

Quelle heure est-il ?

[kɛl‿œʀ ɛt‿il]

Wie spät ist es?

Il est une heure.

[il‿ɛ yn‿œʀ]

Es ist ein Uhr.

7:10

Il est sept heures dix.

[il‿ɛ sɛt‿œʀ dis]

Es ist zehn (Minuten) nach sieben.

7:15

Il est sept heures et quart.

[il‿ɛ sɛt‿œʀ e kaʀ]

Es ist Viertel nach sieben.

7: 55

Il est sept heures cinquante cinq.

[il‿ɛ sɛt‿œʀ sɛ̃kɑ̃t sɛ̃k]

Es ist fünf (Minuten) vor acht.

9:50

Il est neuf heures cinquante.

[il‿ɛ nœf‿œʀ sɛ̃kɑ̃t]

Es ist zehn (Minuten) vor zehn.

10:00

Il est dix heures.

[il‿ɛ diz‿œʀ]

Es ist zehn Uhr.

10:10

Il est dix heures dix.

[il‿ɛ diz‿œʀ dis]

Es ist zehn nach zehn.

10:30
Il est dix heures et demi.
[il‿ɛ diz‿œʀ e‿dəmi]
Es ist halb elf.

12:00
Il est midi.
[il‿ɛ midi]
Es ist Mittag.

17:45
Il est dix-sept heures quarante-cinq.
[il‿ɛ dissɛt‿œʀ kaʀɑ̃tsɛ̃k]
Es ist Viertel vor sechs Uhr abends.

20:00
Il est vingt heures.
[il‿ɛ vɛ̃t‿œʀ]
Es ist acht Uhr abends.

Die Wochentage

Les sept jours de la semaine [le sɛt ʒuʀ də la səmɛn]

dimanche [dimɑ̃ʃ]	lundi [lɛ̃di]	mardi [maʀdi]
Sonntag	Montag	Dienstag

le jour de travail [lə ʒuʀ də tʀavaj]	der Werktag
le weekend [lə wikɛnd]	das Wochenende
le jour férié [lə ʒuʀ feʀje]	der Feiertag
le jour de repos [lə ʒuʀ də ʀəpo]	der Ruhetag

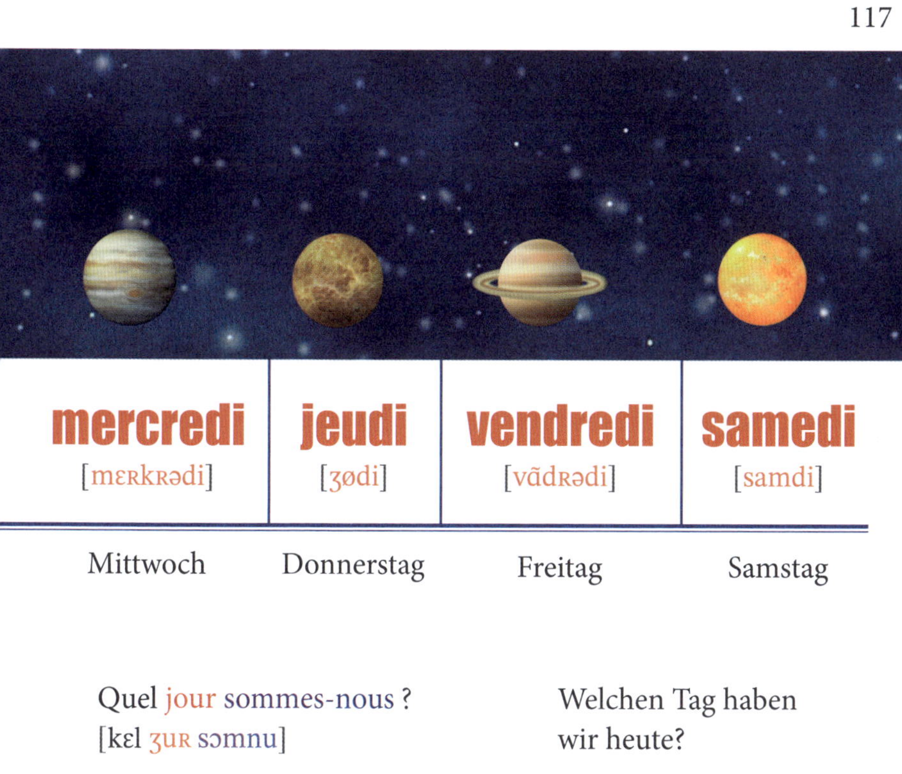

mercredi	jeudi	vendredi	samedi
[mɛʀkʀədi]	[ʒødi]	[vɑ̃dʀədi]	[samdi]
Mittwoch	Donnerstag	Freitag	Samstag

Quel jour sommes-nous ? [kɛl ʒuʀ sɔmnu]	Welchen Tag haben wir heute?
Nous sommes lundi. [nu sɔm lɛ̃di]	Es ist Montag.
On est quelle date d'aujourd'hui ? [ɔ̃n‿ɛ kɛl dat doʒuʀdɥi]	Welches Datum haben wir heute?
On est le 10 janvier. [ɔ̃n‿ɛ lə dis ʒɑ̃vje]	Heute ist der 10. Januar.
Est-ce que c'est un jour férié aujourd'hui ? [ɛs‿kə sɛ ɛ̃ ʒuʀ feʀje oʒuʀdɥi]	Ist heute ein Feiertag?

1

Janvier

[ʒɑ̃vje]

Januar

2

Février

[fevʀije]

Februar

5

Mai

[mɛ]

Mai

6

Juin

[ʒɥɛ̃]

Juni

9

Septembre

[sɛptɑ̃bʀ]

September

10

Octobre

[ɔktɔbʀ]

Oktober

Die zwölf Monate des Jahres

Les douze mois de l'année [le duz mwa də lane

3

Mars

[maʀs]

März

4

Avril

[avʀil]

April

7

Juillet

[ʒɥijɛ]

Juli

8

Août

[ut]

August

11

Novembre

[nɔvɑ̃bʀ]

November

12

Décembre

[desɑ̃bʀ]

Dezember

Das Wetter und die Jahreszeiten

La météo et les saisons [la meteo e le sɛzɔ̃]

Quel temps fait-il aujourd'hui ? [kɛl tɑ̃ fɛt‿il oʒuʀdɥi]	Wie ist das Wetter heute?
Il fait beau aujourd'hui. [il fɛ bo oʒuʀdɥi	Das Wetter ist heute schön.
Il y a du soleil. [il‿ja dy sɔlɛj]	Die Sonne scheint.
Il fait mauvais aujourd'hui. [il fɛ mɔvɛ oʒuʀdɥi].	Das Wetter ist heute schlecht.
Il fait chaud. [il fɛ ʃo]	Es ist heiß.
Il fait très chaud. [il fɛ tʀɛ ʃo]	Es ist sehr heiß.
J'ai très chaud. [ʒɛ tʀɛ ʃo]	Mir ist sehr heiß.
Il fait très froid. [il fɛ tʀɛ fʀwa]	Es ist sehr kalt.
J'ai très froid. [ʒɛ tʀɛ fʀwa]	Mir ist sehr kalt.
Il y a beaucoup de vent. [il‿ja boku də vɑ̃]	Es ist sehr windig.
Il y a du brouillard. [il‿ja dy bʀujaʀ]	Es ist neblig.
Il pleut. [il plø]	Es regnet.
Il bruine. [il bʀɥin	Es nieselt.
Il neige. [il nɛʒ]	Es schneit.

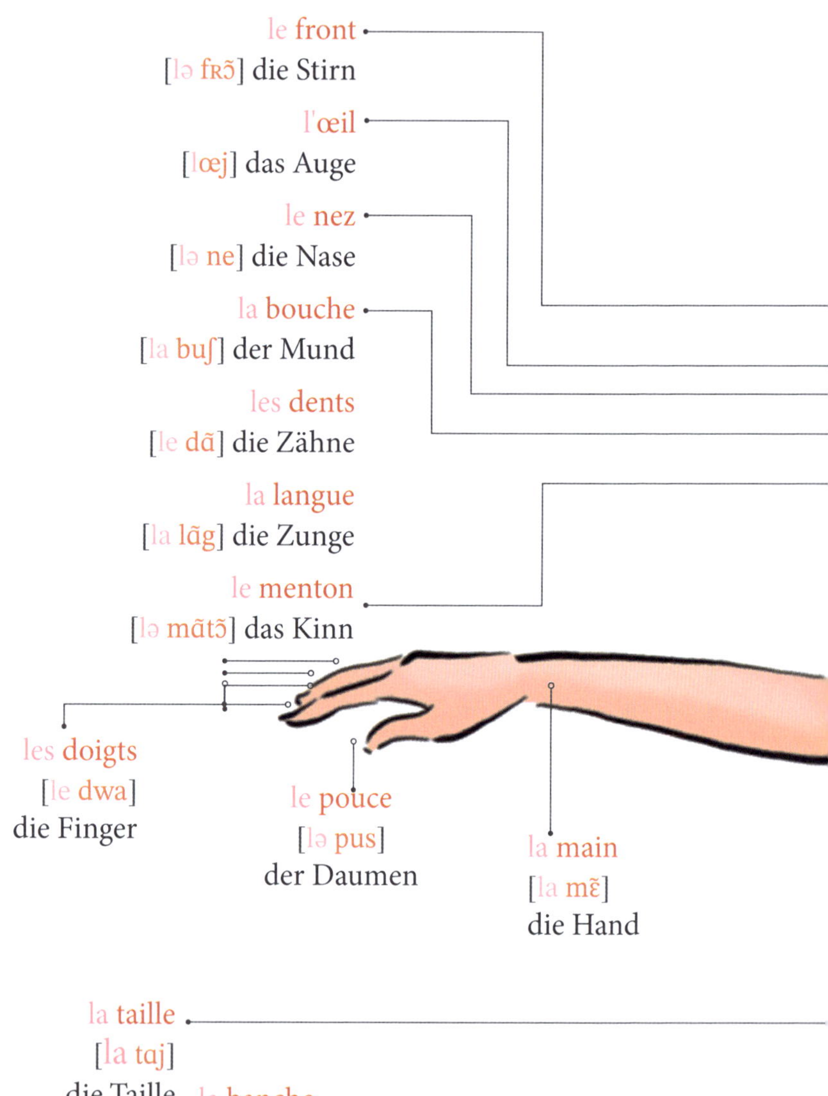

Die Körperteile

Les parties du corps [le paʀti dy kɔː]

Der Körper und die Gesundheit

Le corps et la santé [lə kɔː e la sɑ̃te]

les cheveux
[le ʃəvø]
die Haare
l'épaule
[lepol]
die Schulter
la main
[la mɛ̃]
die Hand
le dos
[lə do]
der Rücken
le corps
[lə kɔʀ]
der Körper

le bras
[lə bʀɑ]
der Arm

le coude
[lə kud]
der Ellbogen

la poitrine
[la pwatʀin]
die Brust

le cœur
[lə kœʀ]
das Herz

le ventre
[lə vɑ̃tʀ]
der Bauch

la jambe
[la ʒɑ̃b]
das Bein

le genou
[lə ʒənu]
das Knie

le pied
[lə pje]
der Fuß

Wenn man sich krank fühlt

Lorsque l'on est malade [lɔʀsk lɔ̃n‿ɛ malad]

Je suis malade. [ʒə sɥi malad]	Ich bin krank.
J'ai envie de vomir. [ʒɛ ɑ̃vi də vɔmiʀ]	Ich muss mich übergeben.
J'ai mal au cœur. [ʒɛ mal o kœʀ]	Mir ist übel.
J'ai mal ici. [ʒɛ mal isi]	Hier tut es weh.
J'ai de la fièvre. [ʒɛ də la fjɛvʀ]	Ich habe Fieber.
J'ai mal à la tête. [ʒɛ mal a la tɛt]	Ich habe Kopfschmerzen.
J'ai mal au ventre. [ʒɛ mal o vɑ̃tʀ]	Ich habe Bauchschmerzen.

J'ai mal au cou. [ʒɛ mal o ku]	Ich habe Halsschmerzen.
J'ai mal au dos. [ʒɛ mal o do]	Ich habe Rückenschmerzen.
J'ai mal aux dents. [ʒɛ mal o dɑ̃]	Ich habe Zahnschmerzen.
Je suis constipé(e). [ʒə sɥi kɔ̃stipe]	Ich habe Verstopfung.
J'ai la diarrhée. [ʒɛ la djaʀe]	Ich habe Durchfall.
J'ai une allergie. [ʒɛ yn alɛʀʒi]	Ich habe eine Allergie.
J'ai des démangeaisons. [ʒɛ de demɑ̃ʒɛzɔ̃]	Ich habe Juckreiz.

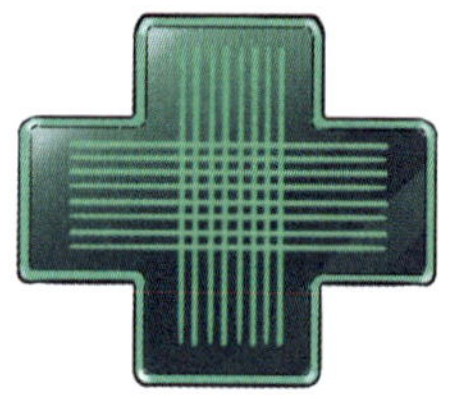

la pharmacie

[la farmasi] die Apotheke

l'hôpital

[lɔpital] das Krankenhaus

le médicament

[lə medikamɑ̃] die Medizin

le médecin

[lə medsɛ̃] der Arzt

le dentiste

[lə dɑ̃tist] der Zahnarzt

l'ophtalmologiste

[lɔftalmɔlɔʒist] derAugenarzt

le médecin généraliste

[lə medsɛ̃ ʒeneʀalist] der Allgemeinmediziner

le médecin d'urgences

[lə medsɛ̃ dyʀʒɑ̃s] der Notarzt

l'ambulance

[lɑ̃bylɑ̃s] der Krankenwagen

À tes souhaits !

[a te swɛ]

Gesundheit!

Tätigkeiten des Alltags

L'activités quotidiennes [laktivite kɔtidjɛn]

se réveiller
[sə ʀevɛje]
aufwachen

se lever
[sə ləve]
aufstehen

se brosser les dents
[sə bʀɔse le dɑ̃]
sich die Zähne putzen

prendre une douche
[pʀɑ̃dʀ yn duʃ]
duschen

prendre un bain
[pʀɑ̃dʀ ɛ̃ bɛ̃]
ein Bad nehmen

cuisiner
[kyizine]
kochen

manger
[mɑ̃ʒe]
essen

boire
[bwaʀ]
trinken

lire
[liʀ]
lesen

écrire
[ekʀiʀ]
schreiben

regarder
[ʀəgaʀde]
anschauen

attendre
[atɑ̃dʀ]
warten

rencontrer
[ʀɑ̃kɔ̃tʀe]
treffen

donner
[dɔne]
geben

satisfaire
[satisfɛʀ]
zufrieden

danser
[dɑ̃se]
tanzen

rire
[ʀiʀ]
lachen

pleurer
[plœʀe]
weinen

laisser
[lese]
verlassen

téléphoner
[telefɔne]
telefonieren

faire du sport
[fɛʀ dy spɔʀ]
Sport treiben

peindre
[pɛ̃dʀ]
malen

regarder
[ʀəgaʀde]
beobachten

chanter
[ʃɑ̃te]
singen

photographier
[fɔtɔgʀafje]
fotografieren

s'amuser
[s‿amyze]
sich amüsieren

acheter
[aʃte]
kaufen

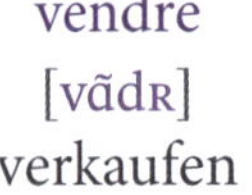

vendre
[vɑ̃dʀ]
verkaufen

travailler
[tʀavaje]
arbeiten

enseigner
[ɑ̃seɲe]
lehren

apprendre
[apʀɑ̃dʀ]
lernen

aimer
[eme]
lieben

embrasser
[ɑ̃bʀase]
umarmen

embrasser
[ɑ̃bʀase]
küssen

marier
[maʀje]
heiraten

Notfälle

Urgences [yʀʒɑ̃s]

Où sont les toilettes ?

[u sɔ̃ le twalɛt]

Wo sind die Toiletten?

J'ai besoin d'aller aux toilettes d'urgence.

[ʒɛ bəzwɛ̃ dale o twalɛt dyʀʒɑ̃s]

Ich muss dringend auf die Toilette.

Est-ce qu'il y a des toilettes publiques ici ?

[ɛs‿kil‿ja de twalɛt pyblik isi]

Gibt es hier öffentliche Toiletten?

Il faut que j'aille chez le médecin.

[il fo kə ʒaj ʃe lə medəsɛ̃]

Ich muss sofort zum Arzt.

Appelez la police, s'il vous plaît !

[apɛl la pɔlis sil vu plɛ]

Rufen Sie bitte die Polizei!

Was sagen uns die Schilder?

Que nous disent les panneaux ? [kə nu diz le pano]

ATTENTION

[atɑ̃sjɔ̃]

ACHTUNG

SENS INTERDIT

[sɑ̃s‿ɛ̃tɛʀdi]

KEIN DURCHGANG

ACCÈS INTERDIT

[aksɛ ɛ̃tɛʀdi]

GESPERRT

DANGER DE MORT

[dɑ̃ʒe dmɔʀ]

LEBENSGEFAHR

MÉDECIN D'URGENCES

[medəsɛ̃ dyʀʒɑ̃s]

NOTARZT

ACCÈS INTERDIT AUX PERSONNES NON AUTORISÉES

[aksɛ ɛ̃tɛʀdi o pɛʀsɔn nɔ̃ ɔtɔʀize]

UNBEFUGTEN IST DER ZUTRITT VERBOTEN

PARKING
[paʀkiŋ]

PARKPLATZ

SENS UNIQUE
[sɑ̃s‿ynik]

EINBAHNSTRAßE

STATIONNEMENT INTERDIT
[stasjɔnmɑ̃ ɛ̃tɛʀdi]

PARKEN VERBOTEN

PRIÈRE DE NE PAS STATIONNER
SORTIE DE VÉHICULES

PRIÈRE DE NE PAS STATION-NER, SORTIE DE VÉHICULES
[pʀijɛʀ də npa stasjɔne sɔʀti də veikyl]

EINFAHRT TAG UND NACHT FREIHALTEN

DÉTOUR
[detuʀ]

UMLEITUNG

PASSAGE POUR PIÉTONS
[pɑsaʒ puʀ pjetɔnje]

FUßGÄNGERÜBERWEG

NE PAS DÉRANGER
[npa deʀɑ̃ʒe]

BITTE NICHT STÖREN

RÉSERVÉ AUX RÉSIDENTS
[ʀezɛʀve o ʀezidɑ̃]

ANLIEGER FREI

PREMIERS SECOURS
[pʀəmje səkuʀ]

ERSTE HILFE

LA POSTE
[la pɔst]

POST

ATTENTION ÉCOLE
[atɑ̃sjɔ̃ ekɔl]

ACHTUNG SCHULE

ATTENTION! CHIEN MÉCHANT
[atɑ̃sjɔ̃ ʃjɛ̃ meʃɑ̃]

VORSICHT! BISSIGER HUND

OUVERT
[uvɛʀ]

GEÖFFNET

FERMÉ
[fɛʀme]

GESCHLOSSEN

TOILETTES DAMES
[twalɛt dam]

DAMENTOILETTE

TOILETTES HOMMES
[twalɛt ɔm]

HERRENTOILETTE

SORTIE DE SECOURS
[sɔʀti də səkuʀ]

FLUCHTWEG

SORTIE D’URGENCE
[sɔʀti dyʀʒɑ̃s]

NOTAUSGANG

Nun kommen wir zu einem ganz besonderen Kapitel, dem Kapitel über Gefühlsausbrüche. Was hat dieses seltsame und ungewöhnliche Thema mit einem Buch zu tun, in dem es um den ersten Kontakt mit einer Fremdsprache geht?

Mit diesem Thema begebe ich mich mit dir auf eine Gratwanderung. Ich bin mir ziemlich sicher, dass du in keinem anderen Sprachbuch etwas darüber finden wirst. Das kann ich gut verstehen, denn es ist ein heikles Thema.

Aber ich finde es so wertvoll, so unentbehrlich für dich. Ich finde, du solltest dich mit Gefühlsausbrüchen gut auskennen, denn dieses Wissen wird dich in Frankreich vor ungewollten Peinlichkeiten schützen.

Gefühlsausbrüche gibt es nicht nur in Frankreich, sondern in allen Ländern der Welt. Jedes Kind wird von klein auf damit vertraut gemacht und verinnerlicht diese Form der Kommunikation. Aber... aber... es ist nicht einfach, damit umzugehen.

Zuerst möchte ich erklären, was ich mit dem Thema überhaupt verdeutlichen möchte, was ich mit dem Begriff „Gefühlsausbrüche" meine:

Gefühlsausbrüche sind Worte, die automatisch aus dem Mund heraussprudeln. Das passiert oft ohne, dass man darüber nachdenkt. Schwupps! Plötzlich sind sie da und man kann sie nicht mehr zurücknehmen.

Gefühlsausbrüche haben die Aufgabe, eine aufgewühlte Seele zur Ruhe zu bringen, wenn sie zuvor durch Zorn, Enttäuschung, Erschrecken, Verwunderung, Entzücken oder Ähnliches in Erregung geraten ist. Man könnte sie auch als seelische Turbulenzenberuhiger bezeichnen.

Gefühlsausbrüche treten in unterschiedlichen Graden und Intensitäten auf. Diese Grade hängen stark von der jeweiligen Bedeutung, von der Betonung oder der Situation ab, in welcher sie ausgesprochen werden. Leichte Gefühlsausbrüche kann man einfach im Selbstgespräch vor sich hinmurmeln, um sich ein wenig abzukühlen. Starke Gefühlsausbrüche sind oft schlimme, tief verletzende Beschimpfungen. Letztere nennt man auf Französisch: „Jurons" (Flüche).

Vielleicht ahnst du jetzt, warum das Thema so schwierig, ja fast schon vulgär sein kann. Wenn du als Ausländer den Franzosen beim Sprechen zuhörst, werden deine Ohren sehr, sehr oft auf Schimpfwörter stoßen. Wahrscheinlich bemerken die Franzosen selbst gar nicht, wie oft sie diese Wörter verwenden.

Aber Schimpfwörter sind keine Besonderheit des Französischen. Schimpfwörter gibt es in jeder Sprache, und in jeder Sprache werden sie ähnlich unbewusst und häufig im Alltag verwendet. Die Franzosen sind vielleicht nicht glücklich darüber, dass ich mich dem Thema der Gefühlsausbrüche widme. Ich habe jedoch keine bösen Absichten dabei. Ich mache das nicht, um die französische Sprache zu beschmutzen, sondern um dich vor Fettnäpfchen im Umgang mit der Fremdsprache zu bewahren.

Wenn du diese Wörter in Frankreich hörst und sie selbst beim Sprechen nachmachst, ist es sehr wahrscheinlich, dass du entweder nicht die richtige Betonung findest, sie nicht im richtigen Moment einsetzt oder sie nicht entsprechend deiner Beziehung zu deinem Gesprächspartner verwendest.

Also: Verschließe deine Ohren nicht, wenn du sie vernimmst, aber plappere sie auch nicht einfach nach. Kenne sie als Fremder gut, aber benutze sie vorsichtig und nur dann, wenn du dir in der Anwendung hundertprozentig sicher bist!

Ein vorsichtiger Umgang mit Gefühlsausbrüchen wird dir so manche Peinlichkeit ersparen. Das ist einer der Gründe, warum dieses Sprachbuch so besonders ist.

Fangen wir also an:

Das erste Wort, mit dem wir uns beschäftigen heißt: „Merde !“. Übersetzt beschreibt dieses Wort das Endprodukt des Verdauungsprozesses. Es gibt auch ein deutsches Pendant zu diesem Wort, das ich aber aus Höflichkeit nicht genau übersetze.

Jeder kennt den Gebrauch dieses Wortes und in jedem Land gibt es Entsprechungen, daher spare ich mir weitere Ausführungen. Es ist gesagt und gut!

Das nächste französische Gefühlsentladungswort lautet: „Putain !“. Wörtlich übersetzt, bezeichnet es eine Dame, die dem horizontalen Gewerbe nachgeht. Aber diese Dame meint der Franzose in den seltensten Fällen, wenn er dieses Wort als Gefühlsausbruch benutzt. Vermutlich denkt er gar nicht an eine solche Dame. Der Franzose benutzt diesen Ausruf zum Beispiel dann, wenn seiner Meinung nach etwas in seiner aktuellen Situation nicht stimmt oder wenn er sich über jemanden ärgert.

Kommen wir nun zu dem französischen Wort: „Patate !"

Die direkte Übersetzung lautet: „Kartoffel". Und tatsächlich wird „patate" auch für dieses Grundnahrungsmittels verwendet. Der Gebrauch des Wortes ist also keineswegs unhöflich.

Im Scherz unter Freunden wird „patate" aber auch verwendet um auszudrücken, dass das Gegenüber eine wenig qualifizierte Bemerkung gemacht hat. Man spielt damit auf den Intellekt einer Kartoffel an.

„Ta gueule !" lautet mein nächstes Wort, was genau übersetzt heißt: „dein Maul". In diesem Fall möchte man klar und deutlich damit ausdrücken: „Mir wäre es jetzt lieber, wenn du deinen Mund halten würdest".

Eine alternative Ausdrucksweise wäre „La ferme !", was „Klappe" oder „Schnabel" bedeutet. Dieser Ausdruck hat eine abgeschwächte Bedeutung und ist nicht so scharf wie „Ta gueule !".

Jetzt wird es noch heikler mit den weiteren Ausführungen, wenn ich meine Ausführungen fortsetze:

Wenn die Franzosen die folgenden Wörter lesen würden, wären sie entsetzt darüber, dass ich ihre Sprache durch deren Verwendung verunglimpfe. Aber das ist, wie gesagt, nicht meine Absicht.

Damit sich kein Franzose beleidigt fühlt, wenn er dieses Buch in die Hand nimmt und auf diese Wörter stößt, werde ich im Folgenden eine gewisse Kodierung verwenden. Ich werde die Wörter nicht ausschreiben, sondern mit dem offiziellen Buchstabieralphabet ausdrücken.

Das erste Wort heißt:
Friedrich, Ida, Ludwig, Samuel,
Dora, Emil,
Paula, Ulrich, Theodor, Emil.

Dieses Wort setzt sich aus zwei Wörtern zusammen. Deren Kombination drückt, als Schimpfwort eingesetzt, den Sohn einer Dame aus, die im liegenden Dienstgewerbe arbeitet. Natürlich kennt der Sprechende weder diesen Sohn noch seine Mutter. Vielmehr handelt es sich um eine sehr extreme Ausdrucksmöglichkeit zur Abwertung des Gegenübers.

Es ist mir nicht leicht gefallen, dir dieses sensible und heikle Thema näherzubringen. Aber es ist mir ein Anliegen, dir die größtmögliche Sicherheit beim ersten Kontakt mit der französischen Sprache zu geben.

Dazu gehören nun einmal auch die Ausführungen über die Gefühlsausbruchwörter. Man könnte das Thema sicher noch weiter ausdehnen. Aber es genügt, wenn du eine klare Vorstellung davon hast, um nicht in ein Fettnäpfchen zu treten.

Denke immer daran, dass Gefühlsausbruchwörter unterschiedliche Stärken haben und Verschiedenes ausdrücken können. Du findest sie gleichermaßen in unterschiedlichen Gesellschaftsschichten.

Wenn du mit diesen Ausdrücken in Kontakt kommst, versuche feinfühlig zu erspüren, ob der Sprechende verärgert, unzufrieden, wütend oder fröhlich und verschmitzt wirkt. Und dann vermeide es möglichst, diese Worte, die du jetzt kennst, selbst auszusprechen.

Es könnte für dich sehr peinlich werden, oder sogar deine Gesundheit gefährden, und du könntest jemandem sehr, sehr weh tun, wenn du diese Ausdrücke nicht richtig anwendest.

Slang Slang Slang

Slang, wie immer man dazu steht, auch wenn man ihn kritisch als Sprachverfall sieht, ist eine aktuelle sprachliche Kommunikationsform und heute nicht mehr wegzudenken.

Ursprünglich wurde der Slang von Jugendlichen und von jungen Erwachsenen geprägt und war die „Sprache der Jugend". Nach und nach wurde er von allen Altersgruppen übernommen. Slang wurde „normal" und ist heute in allen Ländern auf der Welt anzutreffen.

Spielfilme sind hervorragende Repräsentanten aktueller Sprachformen. Auch hier haben Slangbegriffe Einzug gehalten und sind allgegenwärtig geworden.

Fast alle der Slangbegriffe sind Kurzformen, die verschiedene Aussagen zusammenfassen oder abkürzen.

Beginnen wir mit den französischen Slangbegriffen:

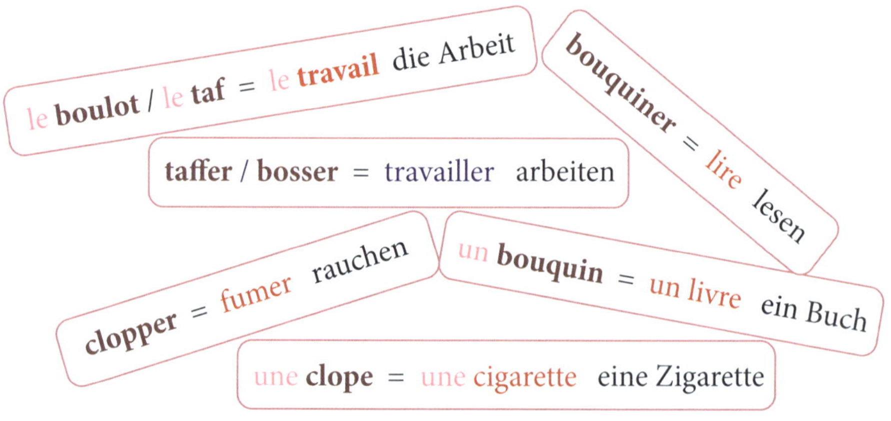

une **bagnole** / une **caisse** = la voiture das Auto

Mon ami m'a acheté une nouvelle **bagnole**.
Mon ami m'a acheté une nouvelle **voiture**.
Mein Freund hat mir ein neues Auto gekauft.

un **mec** = un homme, un garson ein Mann, ein Junge

la **thune** = l'argent das Geld

C'est qui, cet garçon ?
Il n'a plus de **thune**.
Ce mec n'a plus d'**argent**.
Der Junge ist pleite.

un **pote** = un ami ein Freund
une **pote** = une amie eine Freundin

Je vais a la **fête** avec mon **pote**.
Je vais a la **fête** avec mon **ami**.
Ich gehe mit meinem **Freund** zur Party.

le **daron** = le père der Vater
la **daronne** = la mère die Mutter
les **darons** = les parents die Eltern

Ma **daronne** cuisine très bien.
Ma **mère** cuisine très bien.
Meine **Mutter** kocht sehr gut.

Mon **daron** fait la vaisselle tous les jours.
Mon **pèrene** fait la vaisselletous les jours.
Mein **Vater** spült jeden Tag ab.

VERLAN (L' ENVERS) ist eine Form des französischen Slang das darin besteht, die Silben eines Wortes umzukehren.

être **vénère** = être **énervé** verärgert, wütend

Je suis **vénère**, quelqu'un a volé mon bouquin.
Je suis **énervé**, quelqu'un a volé mon bouquin.
Ich bin **sauer**! Jemand hat mein Buch gestohlen.

reuch = **cher** teuer

J'adore cette vêtement.
mais elle est tellment **reuch**.

J'adore cette vêtement
mais elle est tellment **cher**.

Ich liebe dieses Kleidungsstück,
aber es ist irre **teuer**.

relou = **lourd** mühsam, schlimm, schwer, nervig

J'ai râté mon bus. C'est **relou**.
J'ai râté mon bus. C'est **lourd**.
Ich habe meinen Bus verpasst. Es ist **verflixt**!

Ce mec la-bas, c'est un gros **relou.**
Cette homme la-bas, c'est un gros **lourd.**
Der Typ da drüben ist ein riesen **Idiot**!

une **meuf** = une femme, une fille, une petite amie
eine Frau, ein Mädchen, eine Freundin

C'est ma **meuf**.
C'est ma **petite amie**.
Sie ist meine **Freundin**.

Tu vois cette **meuf** là-bas?
Tu vois cette **fille** là-bas?
Siehst du das **Mädchen** da drüben?

chelou = **louche** komisch, bizarr

J'ai vu un mec bizarre dans la rue.
Lui, il est **chelou**.
Lui, il est **louche**.
Ich habe einen seltsamen Kerl auf der Straße gesehen. Der ist **komisch**!

ouf = **fou** verrückt / großartig, genial

Ce mec, c'est **ouf** !
Ce mec, c'est **fou** !
Dieser Typ, er ist **verrückt**!

la **teuf** = la **fête** die Party

La **teuf** était **ouf** !
La **fête** était **géniale** !
Die Party war **großartig**!

cimer ! = **merci !** Danke!

Merci de m'avoir invité à la fête.
T'es trop sympa, **cimer** !
T'es trop sympa, **merci** !
Danke für die Einladung zur Party.
Du bist super nett, **danke**!

Bravo !
[bʀavo] Bravo!

Génial !
[ʒenjal] Genial!

Super !
[sypɛʀ] Super!

Parfait !
[paʀfɛ] Perfekt!

Les compliments [le kɔ̃plimɑ̃]

C'est magnifique !

[sɛ maɲifik]

Das ist herrlich!

C'est merveilleux !

[sɛ mɛʀvɛjø]

Das ist wunderbar!

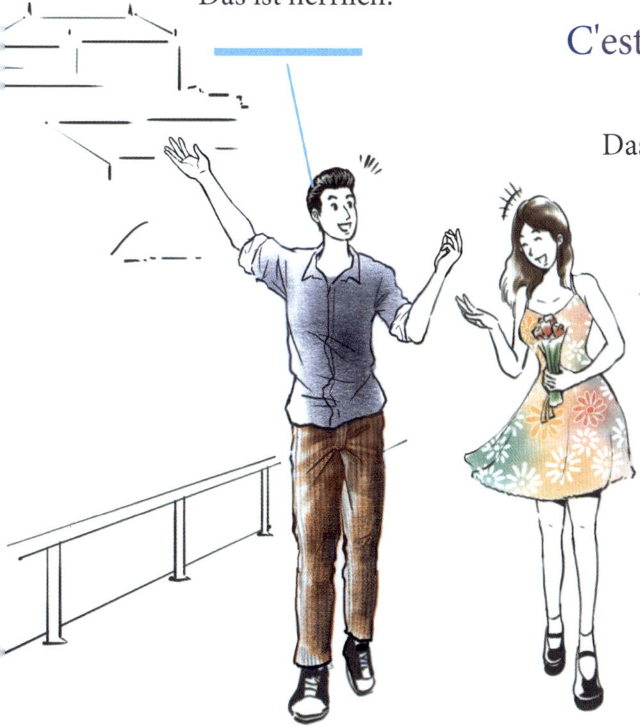

Un peu de romantisme [ɛ̃ pø də ʀɔmɑ̃tism]

Tu es tellement belle / beau.
[ty ɛ tɛlmɑ̃ bɛl / bo]
Du bist sehr hübsch.

Tu as des beaux yeux.
[ty a de boz‿jø]
Du hast schöne Augen.

Tu es unique.
[ty ɛ ynik]
Du bist einmalig.

Je t'aime bien.
[ʒə teɪm bjɛ̃]
Ich mag dich gerne.

Je t'aime beaucoup.
[ʒə teɪm boku]
Ich liebe dich sehr.

Tu es extraordinaire.

[ty ɛ ɛkstʀaɔʀdinɛʀ]

Du bist außergewöhnlich.

Tu es ravissante.

[ty ɛ ʀavisɑ̃t]

Du bist bezaubernd.

Je t'aime.

[ʒə tɛm]

Ich liebe dich.

Veux-tu m'épouser ?

[vø-ty mepuze]

Willst du mich heiraten?

Land und Leute

Le pays et les gens [lə pei e le ʒɑ̃]

Wenn du etwas über die Gestalt und Form des Landes Frankreich erfahren möchtest, ist der einfachste Weg, dir die Landkarte anzusehen.

Willst du mehr von den Leuten erfahren, willst du wissen, wie sie denken, fühlen, wie sie ihr Leben angehen, wie sie miteinander umgehen, dann ist der direkteste Weg, einige Sprichwörter des Landes kennenzulernen. Sie verraten, wie die Menschen des Landes „ticken".

Sprichwörter sagen so viel über Menschen aus. Sie sind meist über Jahrhunderte als Resultat von Erfahrungen, von Denk- und Lebensweisen der Menschen vor Ort entstanden. Über die Sprache wurden sie von Alt zu Jung weitervermittelt und mit ihnen auch das Gefühl und die Stimmung, die sie tragen. Hier sind ein paar wertvolle französische Sprichwörter:

Chaque chose en son temps.
[ʃak ʃoz‿ɑ̃ sɔ̃ tɑ̃] Alles zu seiner Zeit.

Chacun est l'artisan de sa fortune.
[ʃakœ̃ ɛ laʀtizɑ̃ də sa fɔʀtyn] Jeder ist seines Glückes Schmied.

Mauvaise herbe pousse toujours.
[mɔvɛ ɛʀb pus tuʒuʀ] Unkraut vergeht nicht.

Après la pluie vient le beau temps.
[apʀɛ la plɥi vjɛ̃ lə bo tɑ̃] Nach Regen kommt Sonnenschein.

Tout est bien qui finit bien.
[tu ɛ bjɛ̃ ki finit bjɛ̃] Ende gut, alles gut.

Jetzt bist du bestens gewappnet für deinen ersten Kontakt mit der französischen Sprache. Es bleibt mir nur noch, dir viel Freude und wunderbare Erfahrungen dabei zu wünschen.

Genieße die französische Sprache wie eine Köstlichkeit, die du dir auf der Zunge zergehen lässt. Dann wird das, was dir vielleicht am Anfang Angst gemacht hat, sich in pure Freude verwandeln.

PONS FRANZÖSISCH
im Handumdrehen

von
Tien Tammada

Originaltitel: ฝรั่งเศสทันใจพูดได้ด้วยปลายนิ้ว เฑียร ธรรมดา

63/120 Moo 8, Tambon Saothonghin, Bangyai District,
Nonthaburi 11140 Thailand
E-Mail: leelaaphasa2008@gmail.com

1. Auflage 2024 (1,02 - 2025)

www.pons.de

Übersetzung: Ta Tammadien
Co-Übersetzung & deutsche Überarbeitung: Hubert Möller
Korrektur: Daniel Monnin, Kidan Patanant
Illustrationen Innenteil: K. Kiattisak, Netitorn Terdbankird
Satz/Layout: Wachana Leuwattananon, Mienton Pantana
Bildnachweis Cover: Shutterstock/Natalya Levish
Logoentwurf: Erwin Poell, Heidelberg
Logoüberarbeitung: Sabine Redlin, Ludwigsburg
Druck und Bindung: Publikum d.o.o.

ISBN 978-3-12-516393-5